MZ, 젠더 그리고 조직문화

다양성을 포용하고 함께 성장하는 조직문화 만들기

MZ, 젠더 그리고 조직문화

PlanB DESIGN 플랜비디자인

💬 왜 지금 조직문화의 변화가 필요한가?

4차산업의 영향으로 디지털 도구가 기업의 전 영역에 영향을 주고 있다. 특히 코로나19 사태는 기존의 4차 산업혁명을 가속화하고 있다. 한편 우리나라 기업들이 본격적인 저성장 국면에 진입하면서 시장을 확대하기 위해 외부와의 협업을 강화하고 있으며 52시간 근무가 본격화되면서 일하는 방식을 보다 스마트하게 혁신시키기 위한 다각적인 노력을 하고 있다. 사회적으로 베이비부머와 586세대들은 점차 MZ세대에게 자리를 내주며 과거보다 많은 여성이 적극적으로 사회에 진출하고 있다. 특히 MZ세대는 기업 입장에서 강력한 고객이며 조직 생산성에서 가장 중요한 허리층이다. 기업 입장에서는 결코 소홀히 할 수 없는 존재다.

조직은 환경과 고객의 요구에 따라 변화를 거듭하고 있다. 조직문화도 조직과 마찬가지로 하나의 유기체처럼 학습하고 성장해야 한다. 그러나 지금까지의 국내 기업들의 조직문화는 급변하는 환경과 새로운 세대의 특성과 어울리지 않는다. 수직적이고 위계적이며 획일적으로 관리하고 통제하는 방식으로 일을 해왔던 조직 속에 MZ세대가 적응하기는 쉽지 않다. 젊은 세대는 권위주의를 거부하고 개인적 삶의 가치를 중요하게 여긴다. 기성세대 문화와 차별화된 가치관을 가진 MZ세대는 기존의 집단적인 위계 문화에 적응하기 어렵다.

MZ세대의 등장은 기성세대에게 변하라는 압박을 주고 있다. 기성세대는 다른 나라에서 100년 이상 걸린 일을 50년도 안 되는 시간에 압축 성장하게 만든 세대다. 그러나 이제 이들은 자식 세대의 거센 도전에 직면하여 언제 물러날지도 모른다는 심리적인 불안이 있다.

또한, 시대가 변하면서 기존에 맞았던 것들이 급격하게 구식으로 변하는 것에 스트레스를 받는다.

고령화, 저출산 사회에 진입한 우리나라는 인재난을 겪고 있다. 인재 확보가 경쟁력 확보인 시대다. 우수한 여성 인력 확보가 필수다. 대학 진학률, 고시 합격률 등 각종 지표를 보면 여풍이 거세다. 여성의 적극적인 경제활동 참여는 남성 중심으로 운영된 기존의 획일적 운영 원리에 새로운 변화를 요구하고 있다.

예측 불허한 4차산업의 영향과 저성장의 시대를 맞아 위계적인 조직문화는 다양한 구성원들의 가치를 포용하는 문화로 변해야 한다. 조직문화가 변해야 산업 환경에도 융통성과 적응성을 효과적으로 발휘하여 기업의 미래 생존 확률을 훨씬 더 높일 수 있다.

🗩 조직문화는 누가 변화시킬 수 있는가?

기존의 위계적인 기업 문화가 4차산업의 비즈니스

모델에 적합하지 않다는 인식하에 많은 조직들이 조직문화 전담 조직을 너도나도 만들고 있다. 그리고 조직문화 담당 조직이 조직문화를 변화시켜 줄 것을 기대한다. 필자의 조직도 처음 조직문화조직이 생겼을 때 구성원들은 마치 새로운 시대가 열린 것처럼 많은 기대를 했고, CEO나 리더들도 직원들과 소통이 잘되고 수동적인 태도에서 벗어나 주인의식으로 무장된 직원이 주도적으로 일하는 곳이 될 것이라고 믿었다.

주도적이고 자율적으로 일하는 조직문화, 탈권위적인 조직문화를 구축하라고 요청하면서 오히려 전혀 반대되는 스타일을 가진 리더들이 CEO가 되고 경영진으로 승진하고, 소통이 중요하다고 많은 소통의 자리를 만들지만 언제나 답정너인 리더들의 모습에서 조직문화를 바꿀 의도가 없다는 메시지를 읽을 수 있었다. 블라인드에 리더에 대한 불만이 가득 차고 새로 생긴 조직문화 담당 부서에 대한 희망이 절망으로 변해가면서 과연 조직 담당자가 조직문화를 바꿀 수 있는 것인가에 대한 강한 의문을 품었다.

　조직문화 전담 조직은 조직 문화 이슈의 근본 원인을 발견해도 개선할 수 없는 구조적인 한계를 가지고 있다. '어떤 것은 권한이 없고' '어떤 것은 예산이 없어서', '어떤 것은 문화팀의 역할과 관계가 없어서' 등의 다양한 이유로 조직문화팀에서 일했던 필자의 입장에서 조직문화 변화를 위해 할 수 있는 것은 오직 이벤트/홍보/교육뿐이었다.

　조직문화의 변화는 기업의 총체적인 이슈다. 최고 리더십이 직접 주관하며 리더들이 솔선수범해야 한다. 기존 성장 패러다임에 익숙한 리더들이 문화에 대한 전반적인 인식 전환 없이 말로만 '문화 개혁이 필요하다고 외치는 것은 현실적으로 불가능에 가깝다.

　맥킨지는 20년 동안 조직문화를 바꾸려고 노력하는 수많은 기업들을 관찰했다. 그 중 30%만 성공하고, 70%는 실패했다. 70%의 기업들은 전략과 리더십, 조직구조, 제도 등을 통합적으로 다루지 못했다. 조직문화는 기업을 이루는 어느 것 하나도 빠지면 안 된다. 특히 리더십은 조직문화 변화에 가장 중요한 역할을 한다.

💬 이 책은 어떻게 구성되어 있나?

여러 기업에서 조직 문화를 위한 많은 노력을 했지만 문화를 바꿀 수 없었다. 특히 리더의 행동 변화 없이는 조직문화를 바꿀 수 없다. 이 책은 조직문화의 변화를 고민하고, 다양성을 긍정적인 에너지로 변화시키는 방법에 관심이 있는 조직문화 담당자들과 리더들에게 조금이라도 도움이 되길 바라는 마음으로 시작했다.

1장에서는 왜 지금 조직문화의 변화를 필요하며 어떤 조직문화가 필요한가에 대해 이야기한다. 우리가 살아가야 할 세상은 4차 산업혁명 시대로 생산성 위주의 제조업과는 전혀 다른 패러다임의 변화가 시작되었다. 이러한 시기에 창의적인 문제 해결과 파괴적인 혁신을 위한 다양한 구성원들의 지식 교환과 창출을 장려하는 조직문화가 요구된다. 과거에는 효율성을 중시하는 집단적 위계 체계가 적합했다면 지금은 모든 구성들의 개별적인 가치가 인정받을 수 있는 포용적이고 수용적인 조직으로 발전시켜 나아가 한다. 조직의 다양성은 갈등 같은 부정적 영향과 창의와 혁신의 원천이라는 긍정적인 영향을 가진 양날의 칼과 같다. 다음 장부터는 리더 자신을 포함하여 다양성을 어떻게 효율적으로 관리할 것인가에 대해 구체적으로 설명한다.

2장에서는 국내 인구의 34%를 차지하는 MZ세대의 특징을 이해하고 MZ세대와 함께 일하기 위해 이들의 내적 동기를 자극하고, 일의 의미를 찾아 몰입할 수 있게 하는 방법에 대해 설명한다. 조직은 MZ세대의 능력 있는 직원과 어떻게 오랫동안 일할 수 있을지 고민해야 한다. 개인적 가치를 추구하는 MZ세대를 높은 연봉만으로 붙잡아 둘 수 없다. 이 장에서는 MZ관점에서 해결 방안을 제시한다.

3장에서는 기성세대의 입장에서 MZ세대와 함께 일하는 방법에 대해 이야기한다. 베이비붐 세대가 썰물처럼 빠져나가고 기존 세대에 저항했던 86세대가 '리더층' 자유주의적 성향이 강했던 97(X세대) 세대가 '중간 관리자'를 이루며 조직 내 기성세대를 대표하고 있다. 리더가 된 기성세대 중에는 옛것을 강요하고, 자신만 옳다고 하는 경우가 있다. 일명 꼰대짓을 하는 것이다. 그러한 행동은 새로운 조직문화를 만드는 데 가장 큰 장애물이다. 기성세대는 변화의 대상으로 지목받고 있지만, 변화가 어려운 세대이다. 시대에 적응하며 최선을 다해 살아왔는데 타도의 대상이 된 것도 억울하다. 기성세대의 꼰대 기제를 이해하고 메타인지를 통해 진정성 있는 리더가 되는 방법과 MZ세대와 함께 일할 수 있는 소통 방법을 이야기 한다.

4장에서는 여성과 남성이 서로 이해하고 서로 인정하고 존중하는 파트너 관계를 만드는 방법들에 대해 알아볼 것이다. 한국 여성의 사회진출이 늘었지만 직장 내에서 여성은 여전히 편견과 가정에 대한 과중한 책임으로 스트레스를 받고 있다. 경직된 조직문화 속에서 저평가된 직장 여성들이 많다. 능력있는 여성 인력을 어떻게 활용할 것인가에 대해 논의한다.

마지막 장에서는 조직문화 변화를 위해서 기존 문화에 대한 깊은 이해와 총체적인 접근이 필요하다는 점을 이야기한다. 리더들은 한꺼번에 획기적으로 조직문화를 변화시키고 싶어하지만 조직문화의 변화는 장기적으로 엄청난 인내가 필요한 작업이다. 구성원들과의 상호작용을 통해 일상의 작은 성공을 만들고 그 성공들이 쌓여 큰 성공의 기반으로 활용해야 한다는 내용을 다룬다.

이 책을 쓰는 동안 필자는 일하면서 '언제 행복했나?' 곰곰이 생각해 보았다. 돈을 많이 주는 회사로 전직했을 때, 승진했을 때보다는 상사가 권한을 위임하고 성과에 대해 칭찬해줬을 때였다. 또한, 내가 하는 일을 전적으로 지원해 주는 리더가 있었을 때 행복했다. 나의 성과를 사람들 앞에서 공식적으로 칭찬해 주었을 때 더 좋은 성과로 보여주겠다는 결심을 했다. 그러고 보면 MZ세대가 원하는 조직문화와 닮았다. 사람은 누구나 존중받고 싶어 하고, 주도적이고 의미 있는 일을 하고 자 한다.

조직 속에서 집단이 아닌 개인의 가치를 찾아가는 것이 모두가 원하는 진짜 행복 문화가 아닐까 한다. 이 책을 읽으면서 기성세대를 포함하여 행복하게 일할 수 있는 조직을 어떻게 만들어 갈 수 있는지에 대한 해답을 함께 찾았으면 한다.

마지막으로 이번 책이 나오기까지 물심양면으로 도와준 우리 가족들에게 고마움을 전하고 싶다. 특히 이 책을 쓸 수 있게끔 옆에서 용기를 주고 많은 조언과 내가 보지 못한 다른 차원의 시각을 제공해 준 남편에게 진심으로 감사의 마음을 전하고 싶다.

contents

함께하는 조직문화 만들기

[MZ세대] 함께하기

[기성세대] 함께하기

[남과 여] 함께하기

함께하는
조직문화 만들기

01 조직문화 알아보기

💬 조직문화란?

조직문화는 그 조직만의 고유한 일하는 방식이며 의사결정의 기반이 되는 신념이나 가치이다. 조직구성원들의 생각과 행동이 환경의 영향과 함께 오랫동안 누적된 결과물이다. 조직에 들어와서 배운 것, 상사나 동료들의 이야기, 근무환경, 리더들의 관심사 등 아주 사소한 것부터 제도나 업무 처리 방식까지 모두 조직문화다. 삼성맨, 현대맨, LG맨 등 동일 기업에 속한 사람들이 비슷한 가치를 토대로 일정한 행동 패턴을 보이는 것이 바로 조직문화라고 할 수 있다. 조직 내 비슷한 환경은 조직의 특성을 형성한다. 조직문화의 몇 가지 사례를 살펴보자.

① 하라면 하는 조직문화

삼성 스마트폰 갤럭시 노트 7사태는 우리나라 특유의 위계 조직문화의 단면을 보여준다.

2016년에 삼성전자 갤럭시 노트7은 출시 초기 배터리 발화사고로 결국 최악의 실패작이 됐다. 삼성전자와 애플의 치열한 경쟁이 낳은 비극이었다. 삼성전자는 애플의 아이폰7에 한발 앞서 신제품을 출시하려 했고, 배터리를 수급하는데 낮은 등급의 공급사를 선정했다. 이 공급사는 성능과 내구성 실험을 통과할 만한 기술을 시간 내에 확보하지 못했다.

'지면 죽는다! 하라면 하라! 애플보다 빨라야 한다!'라는 혁신 강박감이 조직 내에 퍼져 있던 결과이다. 실제로 기술이 어떻게 적용되는지 알지 못하는 윗선에서 지시를 내리면 무조건할 수밖에 없는 우리나라 조직문화의 현실이다.

② 구성원이 주인공인 조직문화

사우스웨스트 항공사는 구성원을 우선 배려하고 존경한다는 원칙을 가지고 있다. CEO 허브 켈러허의 경영 철학 '회사의 가장 큰 자산인 구성원이 신나게 일할 수 있어야 고객에게도 좋은 서비스를 제공할 수 있다'를 현재까지 실천하고 있다.

배달의 민족으로 유명한 우아한 형제들의 구성원들은 송파구에서 일 잘하는 법 11가지를 정했다. 소소한 규율을 기반으로 스스로 원칙과 규칙을 세워 상사의 눈치를 보지 않고 일한다. 구성원들은 성숙한 의식을 가진 성인으로 서로를 인정하고, 성과를 내기 위해 업무에 엄청난 집중력을 발휘한다. 그렇기 때문에 주 35시간을 운영해도 뛰어난 성과를 낸다.

③ 스포츠팀 같은 조직문화

넷플릭스는 회사를 프로 스포츠팀으로 생각하고 구성원들을 프로로 인정한다. 프로들이 자신의 능력 향상을 위해 스스로 학습하며 자율적으로 도전 목표를 설정하는 것처럼 '최선을 다해 일하면 성과에 맞는 보상을 받는다'라는 집단 가정이 존재한다.

따라서 조직에서도 이러한 인재를 채용하고 양성하기 위해 노력을 아끼지 않는 동시에 성과에 미치지는 못하는 직원, 특히 팀워크를 해치는 직원은 많은 돈을 주더라도 조직에서 빨리 퇴출한다.

④ 리더가 모범이 되는 조직문화

아마존의 제프 베조스는 CEO의 작은 행동 하나하나가 직원의 생각에 매우 큰 영향을 미친다는 것을 깨닫고 본인 스스로 낡은 책상과 의자를 버리지 않고 사용한다. 또한, 고객 중심 문화를 구축하기 위해 회의에 항상 고객을 위한 빈 의자를 하나 더 두어서 물리적, 상징적 의미를 보여준다.

영국의 버진 그룹의 CEO 리처드 브랜스는 격식을 싫어하고 파격적인 것으로 유명하다. '사업은 돈을 버는 것이 목적이지만 일이 재미있어야 한다. 일도 재미와 보람을 같이 느끼면 최상의 결과를 낸다'라고 생각한다. 열심히 즐겁게 일하는 놀이동산 같은 일터를 지향한다.

⑤ 가족 친화적 조직문화

미국의 소프트웨어 업체인 SAS사는 직원 복지 유토피아로 알려져 있다. 설립 초기 여성 소프트웨어 개발자가 많아서 임신, 육아 부담으로 이직이나 퇴사가 잦았다. 우수한 여성 인력 확보를 위해 가족 친화적인 환경을 만들었다. 회사에 육아 시설과 유치원을 설치하고, 구내식당에는 어린이용 의자를 두어 자녀와 함께 식사를 할 수 있게 했다. 모든 남녀 직원은 주 35시간 근무하고, 연 3주 유급 휴가, 10년 근속 후 5주 유급 휴가를 갖는다. SAS의 CEO는 가족에게서 얻는 행복감이 직원들의 생산성을 높이고 경쟁력을 올리는 지름길이라고 믿는다.

💬 왜 지금 조직문화일까?

　① 4차 산업, 저성장의 영향은 창의적 혁신을 요구한다

　4차 산업은 초지능, 초연결로 요약할 수 있다. 모호해진 산업 간 경계 속에서 점진적인 변화가 아닌 비즈니스 모델, 경영, 고객 관계 등 전 분야에서 대대적인 혁신을 요구한다. 과거 제조업 기반의 2, 3차 산업에서는 그저 성실하고 열심히 일하면 경쟁사보다 더 높은 성과를 창출할 수 있었다. 지금은 4차 산업 혁명 시대인 동시에 저성장으로 상징되는 뉴노멀(New Normal)이 일상화됐다. 게다가 코로나 19 사태까지 겹쳤다. 기업들은 성장의 한계를 겪으면서 불확실한 미래를 어떻게 만들어 가야 할지 고민도 해야 한다.

구분	시기	시기별 특징
1차 산업혁명	18세기	증기 기관 기반 기계화 혁명
2차 산업혁명	19~20세기초	전기 에너지 기반 대량 생산 혁명
3차 산업혁명	20세기 후반	컴퓨터, 인터넷 기반 지식정보 혁명
4차 산업혁명	21세기 초반~	지능 + 정보. AI, IoT, 빅데이터, 클라우드 지능정보 기술 혁명

전문가들은 4차 산업혁명 시대는 이전 시대처럼 기계적 효율성만으로는 성장을 기대할 수 없다고 한다. 지금은 판을 뒤흔드는 파괴적인 혁신(disruptive innovation)이 절실히 필요한 시기라고 말한다. 이러한 시기에 기업들은 살아남기 위한 혁신을 창의적이고 열린 조직문화에서 찾으려 한다.

② 다양성의 등장은 수평적 관계를 요구한다.

현재 대부분 회사에서는 다양한 세대가 함께 일하고 있다. 소수의 베이비붐 세대가 최고 경영층을 이루고 기존 세대에 저항했던 386세대가 '리더 층'에 올라 있으며, X세대는 '중간관리자'로, 사회진출이 가장 활발한 MZ세대와 여성들까지 한 조직에서 일하고 있다. 시대가 변했고, 함께 일하는 사람들이 다양해졌다. 기존에

베이비붐 세대	최고 경영층
386 세대	리더 층
X 세대	중간관리자
MZ세대	사회초년생

맞았던 것들이 급격하게 구식이 되고 있다.

서로 다름을 인정하고 원활하게 소통하는 수평적인 관계의 조직문화가 절실히 요구되고 있다.

02 ─ 현재 우리나라의 조직문화는?

　① 획일적인 관리에 익숙해져 있다.

　우리나라 기업 대부분은 획일적인 남성 중심적 문화에 익숙하다. 최근에는 창의적 혁신과 다양성을 추구하지만, 아직 전통적인 위계 조직을 유지하고 있다. 그룹 공채를 선호하거나 회사 내에서 형, 아우로 호칭하는 등의 조직문화는 인간관계를 바탕으로 선후배 간의 공동체 의식이 강하다. 동질성과 위계가 강조되는 조직문화는 여러 부작용을 낳고 있다. MZ세대의 경우 개인이 존중받지 못하고 일에 의미를 발견하지 못하면 과감하게 사표를 내고 새로운 삶의 전환을 모색한다. 이들의 퇴사 이유를 조사해 보면 금전적인 이유보다는 리더의 권위적인 태도, 경직된 조직문화, 수직적인 의사소통 등

국내 30대 그룹 여성등기임원 비중

그룹명	기업수	여성비중(%)	남자(숫자)	여자(숫자)	계
삼성	22	3.0	141	5	146
SK	31	2.0	195	4	199
롯데	16	2.5	115	3	118
현대자동차	22	1.4	141	2	143
KT&G	1	12.5	7	1	8
S-Oil	1	9.1	10	1	11
미래에셋	4	3.8	25	1	26
효성	7	2.2	45	1	46
CJ	9	2.0	49	1	50
신세계	11	1.6	61	1	62
포스코	10	1.6	62	1	63
교보생명보험	2	0	11	–	11
금호아시아나	2	0	15	–	15
농협	7	0	57	–	57
대림	6	0	38	–	38
대우조선해양	1	0	7	–	7
7	13	0	43		43
LS	11	0	58	–	58
LG	14	0	89	–	89
영풍	6	0	37	–	37
OCI	5	0	26	–	26
GS	13	0	100	–	100
KCC	3	0	18	–	18
KT	11	0	78	–	78
한국투자금융	4	0	24	–	24
한진	4	0	27	–	27
한화	11	0	67	–	67
현대백화점	7	0	48	–	48
현대중공업	8	0	39	–	39

출처: CEO 스코어, '국내 그룹 256개 대상 여성 등기임원 조사'. 2019

의 이유가 많다. 여성 또한, 기존 조직문화 적응에 많은 어려움을 겪는다. 조직 차원에서 창의성 제고를 위해 여성 인력이 중요하다고 선전하지만, 남성 집단의 일체감을 강조하고 개인적인 상황을 배려하지 않는 문화에 여성은 여전히 소외당하고 있다. 단적인 예로 다양성을 확보하기 위해 적극적으로 여성 임원을 발굴하는 노력을 하고 있지만 보여주기식 경우가 많다. 2019년 기준 국내 시가총액 30위 기업 여성 임원 비율을 보면 전체 3~4% 정도에 불과하고, 전혀 없는 기업도 여럿이다. 2105년 가스공사는 합격권 여성 7명을 의도적으로 탈락시키고 불합격 대상인 남성 13명을 채용했다. 여성은 출산과 육아휴직 때문에 업무 연속성이 단절된다는 이유였다.

　국내 30대 그룹 계열사의 등기임원 가운데 여성은 100명 중 1명이다. 미국 100대 기업은 임원 24%가 여성이다.

　② 가부장적 위계 문화가 다양성을 방해한다

호칭파괴제도에 대한 생각

항목	응답회사	퍼센트
효율성이 낮아 부정적이다	630	65.4
기업의 발전을 위해 긍정적이다	332	34.6

출처: 사람인. '기업(962개) 대상 기업 내 직급, 호칭파괴제도 조사' 결과, 2018

다양성을 방해하는 가장 큰 요인은 여전히 과거의 가치관과 환경에 머물러 있는 가부장적인 위계 문화에 있다.

국내 기업들의 대표적인 조직문화 혁신은 호칭 파괴와 직급 간소화다. CJ는 국내 최초로 전통적인 호칭을 버리고 전 직원의 이름 뒤에 '님'을 붙이도록 했다. 삼성전자는 2017년부터 호칭을 '프로'로 통일했고, LG유플러스와 SK텔레콤은 호칭을 '님'으로 통일했다. 이런 노력이 과연 통했을까? KT는 임원을 제외한 모든 직급의 호칭을 매니저로 통일했지만, 4년 만에 폐지하고 기존의 직급체계로 돌아갔다. 포스코 역시 2011년 영어 직급명 제도를 도입했다가 2017년 기존 체계로 돌아갔다. 한화그룹은 2012년 매니저로 호칭을 통일했다가 2017년에 매니저 제도를 폐지했다.

🗨 전통적인 위계 조직의 문제

첫째, 한국 기업의 특징은 줄 세우기에 있다. 나이, 학번, 입사 연도, 직급 등으로 줄을 세운다. 조직 내 호칭 제도가 실패한 원인 중 하나는 직급을 사회적 신분으로 인식하기 때문이다. 직급체계는 권력의 위계를 공식적으로 보여주는 제도이며, 성공을 보여주는 잣대이다.

또한, 학번, 기수 등 나이에 의한 위계질서도 조직 사회에서 그대로 반영된다. 단순 잡무나 잔심부름은 젊은 사람이 당연히 담당한다. 인사부터 식사, 업무 공간배치까지 일상적인 조직 생활 전반에 나이나 직급은 강력한 생활 지침이며 조직 통제 수단이다. 직급과 나이로 줄이 선 조직문화는 변화를 잘 받아들이지 않고 경직돼 있을 수밖에 없다.

둘째, 전통적인 위계 조직은 빠른 환경변화에 대응하는 것이 늦다. 과도한 권한을 가진 리더는 독선에 빠져 다양한 의견을 경청하지 않고 경쟁사의 움직임에 둔감하다. 고객이나 시장의 변화를 대수롭지 않게 여겨 시장 흐름과 전혀 다른 의사결정을 내리는 경우가 생긴다. 또한, 사업계획, 예산 수립, 위임, 전결 규정에 따른 수정 등 여러 단계를 걸친 의사결정으로 시간이 오래 걸린다. 많은 사안이 고위 임원에게만 몰려 있어 실무자들이 의사결정을 받기 위해 너무 많은 시간을 허비한다. 후속 행동도 더딜 수밖에 없다. 또한, 고객과 환경변화에 동떨어진 의사결정을 할 가능성이 크며, 결정적인 판단 착오로 기업을 위기 상황으로 몰고 갈 수 있다.

세 번째, 위계 조직에서 구성원들은 개인으로서 존중받지 못하고 획일화된다. 조직의 규모가 커질수록 직원들의 자유는 줄어든다. 사업의 변동성과 복합성이 증가하면 더 빠르게 조직의 역량 수준을 올려야 하지만, 더 많은 규칙과 절차를 만들어 내는 경우가 있다. 효율성, 획일성, 표준성을 중요시해 개인들의 다양성이 환영받지 못하는 것이다. 표준화되고 획일적인 규칙들은 구성원들의 다양한 의견이나 자율권을 제한하고 일에 열정을 가지고 성취감을 느끼기보다는 포지션에 연연하게 되어 승진 경쟁에 내몰리게 한다. 개인에게 자율적으로 일할 수 있는 권한 대신 획일적인 집단 가치를 강조하다 보면 창의적인 유능한 인재는 점점 줄어들게 되고 변화는 느릴 수밖에 없다.

넷째, 위계가 강력한 조직일수록 남성 위주가 많다. 그러다 보면 우수한 여성 인력을 활용하지 못하고 놓칠 수 있다. 남성보다 여성이 업무 역량이 떨어진다거나 특정 업무에 적합하지 않다는 편견은 여성의 주요 역할을 가정에 한정시키기 때문에 일어난다. 남성은 가장으로서 승진이나 승급, 성과평가에 유리한 주요부서 또는 핵심 업무에 주로 배치하지만, 여성은 주변 업무나 중요도가 떨어지는 특정 업무에 배치한다. 가정에 대한 책임이 주로 여성에게 있는 우리나라에서 여성들은 출산, 임신, 육아 등으로 인해 불공평한 낮은 성과평가를 받고 있으며 낮은 성과평가는 여성의 승진이나 승급에 부정적인 영향을 미친다.

💬 변화를 받아들일 준비를 하라

미국 스탠퍼드대와 코넬대의 연구진은 여러 차례의 실험 결과 사람들이 전통적 위계 조직을 선호하는 것을 알아냈다. 위계 조직은 명확하고 이해하기 쉽지만 수평적 조직구조는 낯설고 혼란스럽게 느껴질 수도 있다. 전통적 위계 조직은 불평등을 야기시키지만, 어떤 상황에서 어떻게 행동할지, 문제가 생기면 누구에게 물어볼지 예측할 수 있어 한편으로는 편한 것이다.

인간은 지위에 대한 강력한 욕구가 있다. 사회적 지위가 위협받았을 때 생명이 위협받는 것만큼 스트레스가 쌓인다. 조직에서 지위를 유지한다는 것에 대한 대안이 없다면 조직은 우수한 리더들과 직원들을 잃을 수 있다. 그 대표적인 예가 미국의 유명 온라인 신발업체 〈자포스〉다. '홀라크라시'라는 혁신적인 방법으로 조직구조를 개편했다. 조직의 위계질서를 완전히 파괴하고, 팀 단위로 모든 직원의 지위를 모두 없앴다. 그러자 우수한 관리자급 직원들이 떠났다.

익숙한 질서가 하루아침에 사라지는 것은 불편할 수 있다. 권한을 내려놓을 준비가 되지 않는 상태에서 책임을 부여받는 것은 큰 부담이 될 수 있다. 특히 기성세대인 리더가 이런 변화를 받아들일 준비가 되어 있는지, 어떤 부분을 준비해야 하는지 스스로 성찰할 수 있는 시간이 우선으로 제공되어야 할 것이다.

조직문화는
어떻게 변화해야 하는가?

① 다양성은 조직 생존의 전제조건이다.

유전 조건이 우수한 생물이라도 종 다양성이 없다면, 생존 가능성이 작아진다. 조직의 다양성은 조직의 생존을 위해 필요한 조건이다. 건강한 조직은 극한 환경에서도 유연성을 가지고 조직을 최적의 에너지 상태로 유지하는 적응력이 강한 조직이다. 건강하지 않은 조직은 위급한 상황에 제대로 대처하지 못하고, 조직 기능들이 제멋대로 작용하여 균형을 잃고 좌초된다.

기업들의 다양성 확보

구글은 다양성과 포용이 중요한 경영원칙이다. '다양

성'은 이런 사람, 저런 사람이 있다는 것이고, '포용'은 넓은 마음으로 그 사람을 받아들인다는 것이다. 남성만 있는 경우보다는 여성의 함께 하는 경우 기업 가치가 더 높으며 다른 언어를 쓰는 사람, 다른 인종들이 같이 있을 때 더 좋은 아이디어가 나온다고 믿는다.

애플도 다양성 확보를 위해 회사 내 다양성 관리 전담 임원을 두고 있다. 디지털 포용성은 다양한 인종, 사회적 배경, 성별, 나이 종교 등 다양한 배경 출신의 직원들을 보유하고 그들의 다양한 관점을 활용한다. 다양한 사람들로 구성된 조직은 활발한 교류와 융합이 일어날 가능성이 크며 다양성은 기업의 적응력과 창의적 사고를 자극하는 원천으로 본다.

로치오 로렌조는 독일, 스위스 등 171개 회사가 혁신을 통해 이룬 매출을 분석했다. 혁신 매출은 기업이 만들어 낸 매출 중 최근 3년 동안 새로운 제품과 서비스로 이어진 매출을 뜻한다. 기업 대부분이 혁신 매출을 평균 15% 수준이라고 응답했지만, 여성 리더가 20% 이상인 조직에서는 혁신 매출이 25%에 이르는 것으로

미국 테크 기업의 다양성 보고서

기업	남성	여성	백인	아프리카 계	아시아 계
구글 (2020년 기준)	67.6 %	32.5 %	43.1%	5.5%	48.5 %
애플 (2018년 기준)	67 %	33 %	50 %	9 %	23 %
우버 (2019년 기준)	59.1 %	40.9 %	44.7 %	9.3 %	33 %
페이스북 (2020년 기준)	65.8 %	34.2 %	51.2 %	6.8 %	43 %

[출처: 미국 다양성 보고서 https://diversity.fb.com]

나타났다. 다양성과 차별성을 가진 조직의 실적이 더욱 좋다는 결론이다.

인력구성의 다양성은 갈등 유발 같은 부정적 영향과 창의와 혁신의 원천이라는 긍정적 영향이 양날의 칼처럼 있다. 기업에서 더욱 효율적인 다양성 관리가 요구되는 이유이다. 앞으로 우리가 살아가야 할 세상은 4차 산업혁명이 주도한다. 익숙한 노동 성장 중심의 제조업과는 완전히 다른 새로운 게임이다. 리더들에게 다양성은 이제 선택이 아닌 필수적으로 관리해야 하는 매커니즘이다.

② 수용적인 수평 문화가 필요하다

모든 조직은 다양한 구성원들이 만족할 수 있는 좋은 회사를 만들고 싶어 한다. 구성원에게 일의 의미와 동기부여를 심어주고 자율적이고 주도적으로 일 할 수 있는 창의적인 회사를 목표로 한다. 어떻게 하면 구성원이 만족하는 회사, 창의적인 회사를 만들 수 있을까?

💬 끼리끼리를 없애라.

최진남 서울대 교수의 연구 결과에 의하면 구성원은 자신과 같은 그룹에 속한 구성원을 더 선호하지만, 타 그룹의 구성원에 대해 차별적인 행동을 하는 등 조직 전반에 걸쳐 차별적 분위기를 형성한다고 한다. 특히 조직 규모가 큰 조직일수록 구성원 사이에 선입관, 마찰 부조화 등의 문제가 많다. 탈 개인화, 분업화가 서로를 이해하고 서로 다른 관점을 받아들이기 위한 상호 접촉 기회를 감소시킨다. 같은 그룹에 속한 구성원들끼리 동질성을 추구하는 행동이 강해지면 남성끼리, 리더끼리, 밀레니엄 세대끼리 모이려고 한다. 이러한 끼리끼리만 통하는 문화는 다른 구성원과의 의견 통합을 어렵게 만들어 문제 해결에 방해가 된다.

　기업들은 창의적 문제 해결을 위해 구성원들 간의 지식 교환과 지식 창출을 장려하는 문화가 더욱 필요하게 되었다. 다양한 조직구성원들이 서로를 인정하고 각자의 의견을 공유하고 받아들일 수 있어야 한다. 이러한 문화를 가진 조직은 하루가 다르게 변하는 산업환경의 변화에도 융통성과 적응성을 효과적으로 발휘할 수 있다. 다양성 관리는 기업의 미래 생존 확률을 훨씬 더 높일 수 있다.

💬 수용적인 조직문화 특징

수평적인 의사소통 - 신뢰

　의사소통은 조직에서 신경조직과 같다. 신경조직이 마비되면 신체의 기능들이 마비된다. 조직에서 의사소통은 여러 기관에 영향을 주며 유기적인 협업을 지원하는 기능을 한다. 조직에 문제가 생기면 의사소통을 통해 원인을 해소할 수 있다. 구성원 간의 의사소통은 직급과 관계없이 다양한 의견을 낼 수 있어야 하고 자신의 아이디어가 의사결정에 반영되어 성과에 영향을 줄 수 있어야 건강한 조직이 된다.

변화와 혁신을 위해 새로운 시도를 하려면 협의할 것이 많아지고 소통이 활발해진다. 소통의 양이 늘어난다는 것은 충돌이 일어날 가능성이 크다는 것이다. 그러나 서로 상충하고 대립하고 경쟁적이라고 하더라도 그것을 수용하고 인정해야 한다. 접촉 이론에 의하면 갈등이 있더라도 더 많이 접촉하고 더 많이 교류할수록 서로를 이해하고 다른 관점을 수용할 가능성이 더 크다고 한다. 따라서 직급, 성별과 관계없이 다양한 직원들이 치열하게 토론하고 이를 통해 새로운 아이디어와 혁신적인 생각들이 쏟을 수 있는 소통 기회가 자주 있어야 한다. 그러한 기회를 통해서 편향적 의사결정이 제거되고 새로운 관점으로 볼 수 있는 창의적인 해법이 만들어진다.

수평적인 소통은 구성원들 공동의 목적을 가지고 이를 달성하기 위해 어떻게 할 것인가에 대한 다양한 의견을 제시하고 차이를 수렴하는 과정에서 최적의 방법을 찾아가는 과정이다. 그러나 많은 조직이 수평적 문화를 표방하고 있지만, 여전히 자유롭게 의사소통하는 문화가 정착되지 못했다. 특히 상사와 반대 의견을 내놓는 것을 두려워한다. 어떤 의견을 말해도 무시당하지 않고 질책당하거나 징계받지 않은 것이라는 심리적인 안정감이 부족하기 때문이다. 리더는 인간적으로 구성원을 믿고, 구성원들 역시 능동적인 주체자의 자세를 가져야 서로에게 심리적인 안정감이 생긴다.

신뢰는 구성원들의 역량을 믿는 것에서부터 시작하면 된다. 자율성을 부여하고 신뢰를 얻어 자발적인 몰입을 유도하는 과정을 반복하면 상호 간 신뢰가 저절로 쌓인다.

고어의 CEO테리 켈리는 가치 있는 혁신에 대해서 이렇게 말했다. "우리는 동료들에게 강력한 가치를 부여하고 강하게 믿습니다. 그래야 진정으로 동기부여가 되고 제대로 일하기 때문입니다". 테리 켈리는 모든 직원을 동료라고 칭해야 신뢰할 수 있는 관계가 된다고 믿는다.

건전한 갈등 문화 -피드백

심리적으로 안정된 조직은 설령 내가 상대방이 불편할 수 있는 반대 발언을 하더라도 상대방이 이해하고 나에게 어떤 불이익을 주지 않는 것이다. 다소 불쾌하거나 상처를 받을 수 있는 의견을 솔직하게 전달해도 개인적인 공격으로 보지 않는다. 오히려 진실성이 빠진 칭찬이나 인정은 심리적 안정을 방해한다. 포용적 회사는 직원들이 지나칠 정도로 솔직하게 피드백하고 건전하게 토론하고 갈등을 마다하지 않는다. 심리적 안정에 건전한 갈등의 문화가 더해지면 탁월한 성과가 따라오는 것이다.

솔직한 피드백에 익숙해지려면 자신이 성숙한 성인이라는 것을 받아들여야 한다. 부정적 피드백을 받을 때의 심리적인 불편함을 받아들이고 솔직한 피드백과 건전한 토론에 익숙해져야 한다. 진실성이 담겨 있는 피드백에 귀 기울일 줄 알아야 한다. 이런 조직은 개인이 자신의 역할에 책임을 지고 전문성을 바탕으로 자신의 담당 업무를 차별화하려는 노력이 전제되어야 한다.

넷플릭스는 나이, 학연, 인종과 관계없이 직원을 프로로 대한다. 동료에 솔직한 피드백은 프로가 해야 할 업무 일부라고 생각한다. 동료, 상사, 부하직원 누구에게나 본인이 뭘 개선해야 하는지 거침없이 묻는다. 또한 구성원들은 어떤 피드백을 동료에게 해 주어야 하는지를 고민하게 하는 분위기를 조성하여 직원 간의 신뢰를 쌓는다. 피드백은 때론 고통을 유발하지만 자기 성찰로 이어져 발전할 좋은 기회라고 믿는다.

다양한 의견 수용 - 개방

아무리 지혜로운 사람도 혼자서는 잘못된 결정을 내릴 수 있다. 복잡하고 다양한 문제가 발생하는 현대 사회에선 결정하기 어려운 일들이 많다. 변화의 시대에 리더 혹은 소수의 경영진이 경험만으로 의사결정을 내리는 건 리스크가 클 수밖에 없다.

　고객 소리뿐만 아니라 디지털에 익숙한 젊은 세대의 다양한 아이디어를 적극적으로 반영하는 통합적이고 개방된 사고가 필요할 때이다. 아마존에서는 회의에서 갓 졸업한 직원들도 고위 임원들에게 자기 의견을 자유롭게 이야기한다. 회의는 대부분 질문과 답으로 진행된다. 회의 참석자들은 회의 내용을 사전에 읽고 수많은 질문을 한다. 직급, 나이와 관계없이 누구나 잘 이해가 되지 않는 부분은 가감 없이 묻는다. 크게 중요하지 않거나 이미 설명한 내용에 관한 질문이더라도 질문자를 민망하게 만드는 일이 절대 없다. 이러한 직원들의 다양한 시각과 역량에서 나온 의견들을 모두 고려하여 의사결정을 한다.

자율적인 업무 환경 - 위임

　창의적으로 일하기 위해서는 자기 일에 몰입할 수 있어야 한다. 사람은 몰입할 때 자신의 역량을 최대한 발휘하게 된다. 누가 시키지 않아도 자발적으로 업무에 집중하고 시간 가는 줄도 모른다. 이때 높은 창의성이 발현되는 동시에 일의 기쁨과 즐거움을 느끼게 되어 자발적인 보상 효과도 생긴다. 따라서 기존의 관리, 통제형 방식에서 벗어나 구성원들이 자발적으로 몰입할 수 있는 환경을 구축해야 한다. 자율성 있는 조직은 어떤 일을 하는 것이 궁금하면 언제든지 물어보고 자신이 시도한 것이 실패해도 허용해 주는 곳이다. 그런 호기심을 발휘해서 다양한 것을 시도해 볼 수 있을 때 흥미로움을 느끼고, 어떤 문제에 부딪혔을 때 힘들고 답답하다가 다른 사람들의 사소한 아이디어나 제안으로 그 문제가 해결되었을 때의 짜릿함을 느낄 수 있다.

일부 리더는 부하직원의 역량 수준이 성숙하지 않아 자율권을 부여한다는 것은 매우 위험한 발상이라고 한다. 설령 좋은 성과가 나지 않더라도 적극적으로 권한을 부여해 실패로부터의 교훈과 경험을 쌓게 해야 직원의 역량이 계발된다. 간혹 자율적으로 일하는 권한이 생겼을 때 업무보다 자유만 중요하게 여기는 직원이 있을 수 있다. 따라서 자율에는 반드시 책임이 따른다는 것을 알려야 한다.

미국의 홀푸드 마켓은 점포 내 각 팀 단위별로 권한을 위임한다. 본사에서 규칙을 최소화하여 각 지점의 팀들이 자율적으로 운영상 중요한 모든 결정을 스스로 내리도록 한다. 대신 각 팀은 수익으로 평가를 받고 그에 대한 책임을 지고 있다. 모든 상점의 팀들은 노동 시간당 이윤을 계산하고 일정 수준을 넘는 성과를 내면 다음 분기에 보너스를 받는다. 이로 인해 각 팀원은 자신들의 권한에 막중한 책임감은 느끼고 신중한 의사결정을 내린다.

정보공유 -협력

직원들은 업무에 관한 구체적인 가이드 라인이 있고, 관련 정보공유가 잘 되면 업무에 집중하기가 훨씬 편하다. 또한, 투명하게 공유된 정보는 직원들이 합리적인 의사결정을 내릴 수 있게 한다. 정보공유는 내가 중요한 사람이라고 느끼게 해주는 심리적 효과가 있다. 소수 경영층에만 집중된 정보는 권력을 휘두를 수 있는 도구가 되기도 한다. 구성원을 정보에서 배제 시켜 조직에서 소외되었다는 심리적 박탈감을 줄 수 있기 때문이다.

구글은 '직원들과 모든 정보를 실시간으로 공유하는 것'을 가장 중요한 회사 운영 방침으로 꼽는다. 정보공유를 높여 직원들은 어떤 일을 하고 있으며, 팀의 성과는 어떤지 등의 정보를 알게 된다. 정보 공유가 잘되면 일하는 과정에서 동반할 수 있는 불확실성을 최대한 제거할 수 있다.

문화는 목적이 아니라 결과로 만들어진다. 형식보다는 다양한 아이디어를 바탕으로 문제 해결에 집중하다 보니 자유롭게 의사소통해야 하고, 치열한 논의 끝에 문제를 창의적으로 해결하고, 실패하는 과정에서 학습이 이뤄지고 이를 통한 성과가 만들어진 것이다. 이런 문화에서는 문제 해결에 집중하기 위해 방해되는 형식적인 것들을 과감하게 버린다. 일일이 설명하지 않아도 자신들이 주도적으로 자신이 해야 할 일을 찾아서 진행하고 다양한 구성원들 간의 건전한 가치 충돌이 성과로 이어지는 고성과 문화가 결과적으로 만들어진다.

작고 사소한 자신만이 느낄 수 있는 성취감들이 업무 현장에서 하나, 둘씩 쌓여 나갈 때 성과는 저절로 따라오는 것이다. 자신이 하는 있는 일이 즐겁다고 느낄 때, 일이 추구하고자 하는 일이 명확하고 이러한 일을 추구하기 위해 소통에 막힘이 없을 때 우리는 열정적으로 일하게 된다. 이런 문화에서는 남녀 간의 차이, 세대 간의 차이는 갈등이 아닌 협력적 관계로 시너지를 발휘할 수 있다.

누구나 직장생활을 하면서 꼰대 상사가 싫었고, 일 못하는 사람이 윗사람과 친하다는 이유로 승진되고, 내 생각과 너무 다른 업무를 무조건 해야 하는 조직 생활이 무척 힘들 때가 있다. 수평적 문화는 사회생활을 시작하는 MZ세대만 원하는 것이 아니라 누구나 원하는 것이다. 수평적인 조직, 문화를 통해 창의적으로, 자율적으로 일하며 결과에 책임을 지는 문화의 변화는 인간의 본성을 찾는 과정이다.

과거엔 효율성을 중시하는 집단적 위계 체계가 적합했다면, 지금의 변화는 구성원들이 조직의 부속품이 아니라 '내가 추구하는 가치'와 함께 조직이 발전해 나가는 것이다. 세대와 계급, 성별이 모두 다른 조직의 구성원들이 함께 앞으로 나아가는 방법을 알아야 우리는 지속 가능한 미래를 보장받을 수 있다.

[MZ세대] 함께하기

[MZ세대] 이해하기

1) M세대

💬 호황기 세대

1980~ 90년대 중반은 우리나라 고도성장의 막바지였다. 저유가, 저금리, 저달러의 3저(低)호황 속에 경제성장률이 해마다 10% 내외로 뛰었던 때다. 전통적인 대가족이 사라지고 핵가족 사회로 급격하게 변화되면서, 우리나라는 공식적으로 저출산 사회에 진입했다. 1990년대 학원 과외가 전면 허용되자 부모들은 사교육에도 아낌없이 투자했다. 바로 이런 호황기에 자란 1980~1990년대 생이 바로 밀레니얼 세대 즉 M세대이다.

한국 밀레니얼 세대

구분	내용
나이	22~37세 (1981~1996년 출생)
인구	1098만 명(21.2%)
1인 가구 비중	55.2%
월평균 소득	278.5만 원

[자료: 통계청, 고용노동부]

🗨 최강 스펙과 N포 세대

1997년 IMF 경제위기가 대한민국을 뒤흔들었다. 이때 M세대는 부모의 실직과 파산, 가정 해체를 직간접적으로 경험했다. 캠퍼스의 낭만을 즐겼던 X 세대와 다르게 M세대는 스펙 쌓기에 더 많은 시간을 보냈다. 어학 연구, 워킹홀리데이, 교환학생, 조기유학 등 외국어 실력 등 글로벌 마인드까지 갖춘 최강의 스펙을 쌓았다. 그러나 2007년에는 서브프라임 모기지 사태가 벌어지면서 전 세계가 경제적인 타격을 입었고, 우리나라도 예외가 아니었다. 청년실업이 급증했고 대기업이 채용을 줄였다. 이제 막 사회에 첫발을 내디디려던 M세대는 고용 절벽부터 경험한다. 최악의 청년실업과 저성장, 경제적 양극화 속에서 연애, 결혼, 출산 등을 포기하는 N포세대로 불리기도 했다. 세계금융위기의 여파는 2008년에도 이어졌고 M세대는 꿈보다 현실과 타협하며, 안정적인 직업을 가지려고 공무원과 정규직을 선호하게 되었다.

💬 아날로그 감성을 가진 디지털 세대

M세대는 새로운 정보기술, 케이블 TV, 초고속 인터넷 스마트폰 소셜 네트워크 등을 가장 적극적으로 받아들인 디지털 네이티브 세대이다. 큰 서랍 크기의 컴퓨터가 노트북으로 변하고, LP나 CD로 듣던 음악을 디지털 음원으로 듣는 등 아날로그 기기들의 디지털화를 보면서 자란 세대이다. 개인의 취향에 따라 그룹, 힙합, 인디 밴드까지 폭넓은 다양한 문화 콘텐츠를 경험했다. 디지털 기기를 능숙하게 다루지만 어린 시절을 자극하는 아날로그의 향수를 그리워하는 경향이 있다. 경리단

길, 익선동 등 레트로풍 골목을 찾아다니고, SNS로 레트로 경험을 공유한다.

2) Z세대

💬 자유와 합리를 배운 세대

90년 중반부터 2010년에 태어난 Z세대는 비교적 풍요로운 X세대인 부모로부터 자유로운 가치관을 물려받았다. M세대가 경제성장 덕분에 여유로운 소비와 교육 혜택을 누렸다면, Z세대는 자율성, 다양성, 합리적인 소비를 교육받으며 성장했다.

💬 시각 정보에 민감한 디지털 세대

Z세대는 태어나면서부터 디지털을 경험한 세대다. 2000년대 후반 청소년기 시대에는 스마트폰의 급속한 보급으로 소셜 네트워크, 서비스 인터넷 미디어 소비가 급격히 팽창했던 시대를 경험했고, 유튜브를 통해 다양

Z세대 특징

1	1990년대 중반~2000년 중반 출생
2	국내 646만 명(성인 336만 명)
3	태어날 때부터 디지털 세대
4	제품구매 등 집안 의사결정에 적극 참여
5	문서 대신, 짤, 동영상으로 지식 습득
6	이모지, 짧은 동영상으로 소통

[출처: 조선일보, Z세대 특징, 2018.03.02]

한 정보를 습득하고 있다. 이러한 경험으로 시각적인 정보를 더욱 잘 받아들이고 감각적으로 잘 다룬다. 상품을 살 때 가성비보다는 첫인상을 중시해서 포장에 담겨 있는 상품 스토리에 매력을 느낀다. 또한, 이미지도 '짤'이라고 하는 짧은 영상으로 만들어 즐기고, 흥미를 가진다. 텍스트 중심으로 정보가 나열된 블로그 보다는, 좀 더 직관적이고 개성을 가진 콘텐츠를 찾아본다. 여가 시간을 보내는 것 역시 다른 세대와 다르게 자신만을 위한 특별한 시간을 갖길 원하는 부류가 많다.

가치소비

인플루언서　다만추　　SNS　　미닝아웃

경험중시

MZ세대

소통=
커뮤니케이션　　　　　　　　내가 제일
　　　　　　　　　　　　　중요함

열정　　판플레이　　플렉스　　횰로

[출처 fn아이포커스, 2020.05.15]

💬 나를 위해 소비를 하는 세대

Z세대는 2008년 글로벌 위기 이후 전 세계적으로 저성장의 시기에 유년기를 보냈기 때문에 풍족한 소비보다는 개념 소비를 통해 자신을 표현한다. 명품보다는 자신에게 맞춤화된 독특한 상품에 지갑을 연다. 기후변화, 경기침체, 불평등과 같은 여러 사회 문제를 접하면서 강한 책임감과 더 큰 가치를 지향하는 성향을 가지게 됐다. 공정한 제품, 유기농 식품, 친환경 제품 등 특정 가치를 표방하는 브랜드에 기꺼이 프리미엄 비용을 지불하기도 한다.

🗨 참지 않는 세대

M세대보다 사회정의에 더 민감하다. 정보를 빠르고 다양한 채널로 접할 수 있는 만큼 사회 각계각층의 입학 특혜나 채용 비리 등을 직접 눈으로 보고 겪으면서 사회에 대한 문제의식이나 의문을 더 느꼈다. Z세대는 문제를 의식하는 것에서 그치지 않고, 블라인드 등의 애플리케이션을 통해 사회적 공감대를 만들어 알린다. 부조리함을 알아도 조용히 참는 쪽을 택하는 기성세대와 크게 다른 점이다.

3) 'M+Z, MZ세대가 가진 기준

M세대와 Z세대를 통합하여 일컫는 MZ세대는 2019년 통계청 조사기준으로 약 1,7700만 명으로 국내 인구의 약 34%를 차지한다. 현재 회사 조직의 신입과 허리를 맡은 MZ세대와 무리 없이 일하기 위해서는 MZ세대만의 특징적인 기준을 이해할 필요가 있다.

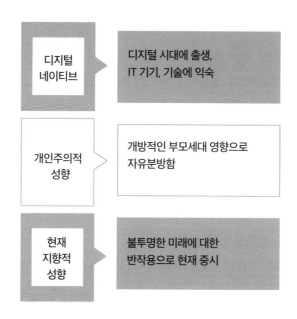

💬 행복의 기준

MZ세대는 국가가 부도나고 세계 경제가 무너지는 것을 목격하면서 미래는 불확실하고 예측할 수 없는 것이 되었다. 회사 생활 역시 미래의 성공은 그 누구도 담보해 줄 수 없고 평생직장의 개념도 무의미하다고 생각한다. 이전 세대가 추구했던 성공에 집착하는 '결과 중심적 태도'에서 벗어나 보통의 성공과 소소한 기쁨을 즐기려는 '과정 중심적 태도'를 보인다. 기성세대의 성공 기준이 금메달, 대기업, 고연봉이라면, MZ세대는 졌잘싸(졌지만 잘 싸워싸), 값진 노메달 등 신조어를 만들어 내면서 자신의 행복을 찾는 것을 최우선으로 하고 노력과 진정성을 존중한다.

💬 기준의 중심은 '나'

MZ세대는 자기중심적인 경향이 강하다. 1980년대 중반 이후 자녀의 수가 1~2명으로 보편화되면서 부모의 관심과 지원이 자녀에게 집중되었다. 부모로부터 '너는 특별한 존재'라는 칭찬과 격려를 듣고 자랐고, 가정에서 충분한 대우와 보호받으며, 비교적 의견을 존중받으면서 성장했다. 자신에게 관심이 집중된 환경에서 자란 MZ세대는 집단 속 '아무개'가 아닌 내 목소리를 가진 개인으로 바라봐 주길 원한다. 그렇기 때문에 기성세대가 만들어 놓은 획일화된 삶에서 벗어나 자기만의 가치, 생각으로 삶을 추구한다.

N포 세대라는 말이 있다. 요즘 세대가 포기하고 사는 것들이 많다는 뜻이기도 하지만 부정적이기만 한 것은 아니다. 기성세대가 만들어 놓은 기준인 결혼, 연애, 집, 인간관계 등을 포기하는 것이 아니라 새로운 삶의 기준을 찾아가는 과정이라고도 볼 수 있다.

💬 소통의 기준

MZ세대가 기성세대와 소통이 안 된다고 생각하는

세대별 회사에 대한 인식 차이

	기존세대	M 세대	Z세대
회사에서 충성 대상	회사 그 자체	자기 팀과 프로젝트	자기 자신과의 자신 미래
회사에 대한 충성 대가	회사에 대한 충성은 곧 나에 대한 충성	몸값과 승진 보장	회사에 헌신하면 헌신짝이 됨
휴가 인식	휴가를 다 쓰는 것은 눈치가 보임	적절히 눈치 봐서 연차를 사용해 전략적 휴가	연차는 나의 자유, 휴가사유를 알릴 필요 없음
휴가 방식	여름에 집중 휴가	원하는 시기 조절	시간을 쪼개서 연차를 자유롭게 사용

[출처: 정보통신정책연구원, KB금융지주 경영연구소]

이유 중 하나는 피드백이다. 디지털 환경과 모바일 사용이 익숙한 MZ세대는 수평적이고 자유로운 커뮤니케이션과 즉각적인 피드백을 원한다. SNS상에서 자신의 글이나 사진에 대해 다른 사람들이 어떤 반응을 보이는지 관심을 쏟고, 그 반응에 따라 기분이 변화한다. 피드백을 받아 인정받고 싶은 내적 욕구가 강하다. 업무에 있어 필요한 순간에 필요한 조언하는 것은 MZ세대와 소통의 첫걸음이다.

조직 미션1
일의 존재가치

(조직)

시키는 대로! 그냥 열심히!

VS

왜 열심히 해야 하나요?

(MZ세대)

당신의 회사에는 조직 미션이 있습니까?

MISSION.

우리는 왜 존재하는가?

우리는 누구를 위해 존재하는가?

우리는 무엇을 제공하기 위해 존재하는가?

(조직) 우리 팀 MZ세대 구성원은 그냥 좀 하는 게 왜 없

을까?

코로나 19로 인해 기업의 영업이익이 급격히 줄어들
었다. 회사 재정에 대한 새로운 돌파구가 절실히 필요
한 상황이다. 조직의 리더는 회사에 대한 걱정으로 밤
잠을 설칠 정도인데, 젊은 세대들은 주인의식 없이 그
저 월급만 생각하는 것 같아 답답하다. 한시가 급한 이
때 한배를 탄 입장으로서 그냥 좀 하라고 하면 안 되나?
꼭 이유가 있어야 할까? 라는 생각이 든다.

(MZ세대) 우리는 직원! 회사의 주인이 아니다.

MZ세대도 할 말이 있다. 회사에서는 항상 주인의식
을 강조하지만 주어진 일은 잡일에 가깝다. 용기를 내
주도적으로 일하다 실수하면 시키는 일만 잘하라는 핀
잔을 듣는다. 결국, 복종이 미덕으로 여겨지게 되면서
주인의식이 아니라 종 의식이 심어지는 것 같다고 느
낀다.

기업 강연을 할 때 경영층은 젊은 직원들에게 로열

티, 주인의식을 심어줄 방안을 고민해달라고 한다. 조직 문화진단을 해보면 어느 조직이나 리더 계층으로 갈수록 조직몰입에 대한 점수가 높고 젊은 세대일수록 점수가 낮다. 실제로도, 의식적으로도 조직의 주인은 주주와 오너이지 직원들이 아니다. 직원에게 주인처럼 생각하라는 것은 처음부터 억지에 가깝다. 주주도 오너도 아닌 사람에게 주인의식을 가지라고 것은 최고 경영자의 착각이거나 너무 큰 기대이다. MZ세대의 충성심의 대상은 회사가 아니라 자신의 성장 가능성이 큰 곳이다.

💬 [MZ세대] 와 함께 일하려면
명확한 <조직 미션>이 필요하다.

MZ세대의 소속감을 진정으로 키우고 싶다면 조직 미션에 입각한 경영을 해야 한다. MZ세대는 의미 있는 삶을 원한다. 경제적 보상이나 워라밸 보다 일이 더 중요하다고 여겨지면 일을 통해서도 삶의 가치를 추구한다. 일을 통해 자신이 성장하기를 바라고 그 욕구가 충족될 때 일에 깊게 헌신한다. 괴로운 직장생활에서 무너진 자존감을 건강하게 회복시키는 과정이기도 하다. 따라서 조직은 이들에게 몰입할 수 있도록 일의 의미와 가치를 제공하는 조직 미션이 필요하다.

조직 미션은 조직 존재의 목적을 찾는 것이다. 예를 들어 이케아의 미션은 '많은 사람을 위한 더 좋은 생활'이다. 다이소의 미션은 '소비자 물가 지수를 1%로 낮추는 기업이 되는 것'이다. 이러한 미션은 구성원들이 스스로 일에 의미를 부여하게 하고 다른 회사와 차별성을 느끼면서 소속감을 가지게 된다.

💬 조직 미션의 역할

① 업무를 통해 조직 미션을 실현해 나가면, 구성원은 조직의 정체성을 이해하고, 성장한다는 느낌을 받게 된다.

② 개인과 조직이 미션에 의해 하나로 연결되어 있다고 느낄 때, 조직에 대한 소속감이 생기고 몰입하

게 된다.

③ 개인도 조직 목적 달성에 기여한다는 자부심을 느낄 수 있고, 조직의 성과에 긍정적인 영향을 끼친다.

💬 MZ세대에 맞춘 조직 미션 사용법

① 조직 미션을 명확히 밝히고, 그 미션대로 일관성 있게 경영해야 한다.

글로벌 아웃도어 스포츠 브랜드인 파타고니아는 환경, 사회 문제 해결에 노력하는 기업으로 유명하다. 이 회사의 가치는 환경에 책임을 지는 것, 재미있게 노는 것을 좋아하는 것, 가족이 중심인 것이다. 외부 커뮤니케이션 활동 및 회사 내 활동도 자사 브랜드 비전과 가치에 기초해 동일하게 적용한다. 파타고니아의 '이 재킷을 사지 마세요! 이 재킷을 사면 환경 피해가 예상외로 엄청납니다. 당신이 무엇을 사려고 할 때 한 번 더 생각해 보는 시간을 가지세요.'라는 광고 역시 브랜드 비전과 가치가 적용된 것이다.

파타고니아는 1993년부터 버려진 플라스틱병을 재활용한 원단으로 수십 종의 옷을 만들어 '환경에 책임지는 기업' 미션을 충실히 수행하고 있다. 자사의 제품을 사지 말라는 마케팅에도 불구하고 매출을 매년 15% 이상 성장하고 있으며 시장점유율도 계속 올라가고 있다. 또 다른 미션인 '재밌게 노는 것과 가족 중심인 것'은 직원들에게 긍정적인 영향을 미치고 있다. 현재 근무하는 직원들이 80% 이상이 일하기 좋은 회사로 적극 추천하며, 자발적 이직률은 연간 3%에 불과하다. 이렇듯 눈에 보이게, 확실하게 〈조직 미션〉을 MZ세대 구성원에게 제시하면 가치 있는 일을 하고 있다는 것에 대한 자부심을 가질 것이다.

② 조직의 존재 이유와 방향성을 명확하게 제시하고 공유한다.

미션을 구성원이 얼마나 잘 이해하고 공감하고 있는지에 따라 공동의 목표 달성이 가능하다. 구성원에게 미션은 일할 때 가장 중요한 원칙이 된다. 기존 구성원과 MZ세대는 함께 일하고 있으나, 각자 일하는 목표나 가치가 다를 때가 많다. 기존 구성원은 일의 목적보다 일사불란하게 일 처리 하는 것이 목표였다. 그러나 MZ세대는 이해하지 않으면 움직이지 않는다. 이 일이 왜 중요한지, 일을 통해 조직에 어떤 기여를 할 수 있는지에 대해 명확히 이해해야 행동한다. 미션을 공유해 맡은 일이 중요하다는 것을 느끼면 충분히 몰입해서 열정적으로 일한다.

③ 조직미션과 비전 달성과정을 수시로 피드백 해 준다.

조직 미션과 비전은 일의 결과로 평가받을 수 있는 기준이 될 수 있다. 일하는 시간이나 장소, 출퇴근에 상관없이 자율적으로 일할 수 있게 한다. 명확한 조직 미션의 이해는 업무 몰입 지수를 배로 높이고, 긍정적인 피드백은 업무 기여도를 더욱 상승시킬 수 있다. 개인 입장에서는 미션이나 목적 달성을 위해 노력하는 과정에서 자신의 능력을 발휘함으로써 조직에 기여했다는 자긍심과 새로운 지식을 알아가며 발전하고 성공했다는 성취와 보람을 느낀다. HR사의 창업자 데이브 패커드는 "기업이 단순히 돈을 벌기 위해 존재한다고 사람들이 잘못 알고 있다. 금전적인 성과는 기업 존재의 결과이지 목적이 아니다." 라고 이야기한다.

💬 조직 미션으로 업무 가이드 만들기

① 본인의 업무가 조직 미션, 목적과 연결되었다는 것을 알려 준다.

조직 미션은 업무의 구체적인 방향성과 명료성을 확보해 가이드 역할을 해야 한다. 이랜드는 신입사원들에게 모든 일에는 목표 달성을 위한 단계가 있으며 아무리 하찮아 보이는 일도 결국 회사와 연결되어 있다는 것을 설명한다. 자신들이 하는 작은 일 하나하나가 모여 알찬 결과를 낸다는 생각의 확장과 본인 업무가 조직 목적 달성에 필요한 일이라는 자부심은 장기적 관점에서 본인의 경력 개발 가이드 역할을 한다. 이렇듯 사소한 업무에도 조직 미션이 적용되고 설명이 돼야 목표를 가지고 일할 수 있다.

② 리더가 미션에 대해 잘 알아야 한다.

명확한 업무지시를 위해 상사가 먼저 '왜 이 일을 해야 하는지'에 대한 목적이나, 당위성을 명확히 알아야 한다. 하지만 위에서부터 중간관리자로 업무지시가 내려올 때 윗사람의 지시 내용을 정확히 파악하지 못하는 경우가 있다. 그럴 때 다시 물어보지 않고 대충 상사의 뜻을 해석해서 아래 직원에게 업무지시를 내리면 거기서부터 문제가 시작된다. 이후 아래 직원이 결과물을 가지고 오면 '이건 아닌 것 같다'라는 모호한 피드백을 하면서, 최종본, 최최종본, 진짜 최종본 등의 수정을 거듭해 겨우겨우 윗선에 맞추는 것이다. 리더가 미션을 정확하게 인지하지 못하면 직원들에게 정확한 업무를 지시할 수 없고 필요한 피드백은 더더욱 줄 수 없다. 중간관리자들도 의도를 파악하기 어려운 지시를 하는 상사에게 물어보는 용기를 가져야 한다.

```
문서집계표(최종).HWP
문서집계표(최종수정).HWP
문서집계표(최종수정컨펌).HWP
문서집계표(컨펌V1).HWP
문서집계표(컨펌V2).HWP
문서집계표(컨펌V3).HWP
문서집계표(진짜최종).HWP
문서집계표(진짜진짜최종).HWP
문서집계표(진짜진짜진짜최종).HWP
문서집계표(회장님).HWP
문서집계표(회장님지시수정).HWP
문서집계표(회장님수정.V1).HWP
```

③ 조직은 개개인들이 성과를 낼 수 있는 최적의 환경을 제공한다.

조직의 역할은 미션을 달성하기 위해 개개인들이 성과를 낼 수 있는 최적의 환경을 제공하는 것이다. 구글은 전 세계의 정보를 조직화해 누구나 접근 활용할 수 있도록 하는 미션을 가지고 있다. 구글이 채용 시 가장 중점을 두는 질문은 지원자들에게 "구글의 미션을 달성하기 위해서 당신은 어떤 창의적 방법으로 전문성을 살려서 회사에 기여하겠느냐"이다. 구글처럼 수평적이고 자율적인 조직은 개인이 가진 능력을 최대한 발휘할 수 있어 혁신과 변화가 용이하다. 구글은 조직 미션/목적 달성에 방해되는 고정된 출퇴근, 호칭, 복장, 전통적인 사무실 등 형식적인 것들을 과감하게 모두 버렸다. 이들 미션과 비전은 수평적 조직의 소통 원칙이 되고 일이 가이드가 되어 구성원의 성취를 돕는다.

조직 미션2
일의 보람

(조직)

수당, 보너스, 인센티브만으로는 부족한가?

VS

돈이 전부는 아닙니다.

(MZ세대)

우리는 무엇 때문에 일을 할까?

진정한 기쁨은

편안함이나 부,

혹은 인간에 대한 찬양으로부터가 아니라

가치 있는 일을 하는 데서 나온다.

-윌프레드 그렌펠 경

(조직) 일의 보람은 금전적 보상이면 충분!

조직은 MZ세대 구성원에게 어려운 일을 지시하면서 커다란 금전적 보상이 있을 것이라는 기대에 찬 말을 한다. 이전 세대에게 보너스나 인센티브는 일을 할 때 최고의 동기 부여책이었다. 일의 보람은 액수로 정해졌다. 그런데 MZ세대는 돈을 더 준다고 해도 하기 싫은 일은 안 한다. 왜 그러는 걸까? 뭘 더 원하는 걸까?

(MZ세대) 돈은 일의 당연한 보상!

MZ세대는 일한 만큼의 보상은 당연한 것이고, 시간은 돈보다 귀한데 왜 하는지도 모를 일에 시간을 쏟는 것은 시간 낭비라고 생각한다. 회사의 부속품으로 소모되기보다는 자신이 하는 일이 회사나 다른 구성원들에게 긍정적인 영향을 끼치는 걸 중요하게 여긴다. 일의 보람과 의미를 알게 되면서 책임감을 느끼고 일을 하게 된다.

💬 [MZ세대] 와 함께 일하려면

성취감을 줄 수 있는 조직 미션이 필요하다

MZ세대의 업무 의욕을 지속해서 불러일으키는 요인은 일을 통해 많이 배우고 성장했다는 만족감, 가치 있는 성과를 이룸으로써 인정받았다는 느낌, 회사와 사회에 기여했다는 성취감이다. 미래학자인 다니엘 핑크는 당근과 채찍은 단순하고 반복적인 업무에는 유용하지만 성과에 집착하게 만들기 때문에 창의성을 떨어뜨린다고 한다. 자신이 흥미 있고 관심이 있는 일을 자율적으로 할 때 돈과 관계없이 훨씬 오랫동안 일하며 새로운 미래를 여는 창의적 사고가 가능하다는 것이다.

💬 MZ세대에게 일의 성취감을 주는 방법

① 증명할 기회를 준다.

리더는 MZ세대에게 주어진 업무의 진정한 의미를 알게 하는데, 시간과 노력을 아끼지 말아야 한다. 업무가 조직의 목적과 얼마나 잘 부합되는지, 더 나아가 사회적 이익을 창출하는 데 어떤 도움이 되는지 증명할 기회를 주어야 한다. MZ세대 스스로 가치 있는 일을 하고 있다는 걸 느낄 수 있어야 '일하고 싶은 의미'를 찾을 수 있다.

② 성장 기회를 준다.

MZ세대는 업무에 대한 즐거움, 의미, 성장 동기를 가질 때 실질적인 성과를 창출한다. 조직의 성공은 손익 계산에만 있는 것이 아니다. 개인의 질적 성공으로부터 조직의 성공이 시작되어야 한다. 미션을 추구하는 기업은 구성원 개개인이 자신의 역할과 삶에서 성장하면, 조직도 함께 성장한다는 원칙을 가지고 있다. 우리 삶의 의미를 어떻게 찾을 것인가에 대한 고민은 조직을 어떻게 운영할 것인가에 대한 해답이 될 수 있다.

③ 선택의 자유를 준다.

페이스북은 매니저가 업무지시를 하지 않는다. 언제,

어디서 어떤 방식으로 일을 하든지 누구도 묻지 않고 개인의 자율에 맡긴다. 개인이 최고의 결과물을 만들어 낼 수 있도록 필요한 여건을 최대한 조성해 준다. 근태 관리, 결재 시스템도 없고, 출퇴근과 휴가도 자유이며 아무 자리에서 일하다가 맥주를 한 잔 마시고 일을 해도 된다. 대신 결과물을 만들어 내지 못 내는 사람은 신속하게 해고한다. 관리자의 역할은 전문가로서 업무를 좀 더 효과적으로 할 수 있도록 하고 육성하는 데 초점을 둔다. 언제, 어디서, 어떤 방식으로 일하는 것을 선택하게 하는 것은 개인의 몫이다.

④ 성과에 보상한다.

MZ세대에게 도전적 과제를 제공하고 개인의 책임하에 업무를 진행할 수 있는 권한을 준다. 우수한 성과를 냈을 때 직원들을 인정해 주고 적절한 시기에 정곡을 찌르는 피드백을 제공한다. 이런 과정에서 스스로 더 나아지기 위해 최선을 다하고 경쟁을 자기 계발의 기회로 활용하고 이를 인정받았다고 느낄 때 다음 새로운 목표에 대한 열정도 강해지는 것이다. 또한, 돈으로 환산하기 어려운 따뜻한 미소, 감사 편지, 선물과 같은 비금전적 보상으로 직원의 노고를 전하는 것도 피드백이 될 수 있다.

일을 재미있게 만드는 법

존 켈러의 ARCS 모델 학습 동기는 일을 재미있게 만드는 힘이다. 존 켈러는 학습 동기를 자극하기 위해서 ARCS 모델을 개발했다. 업무에 쉽게 몰입할 수 있는 네 가지 요소를 담고 있다. 관심A(attention), 일의 추진 목적, 배경과 중요성을 상세하게 이야기해줌으로써 팀원들이 일에 대한 호기심을 불러일으킬 수 있다. 관련성R(relevance), 다른 사람이 아닌 당사자가 그 일을 왜 맡아야 하는지를 설명해준다. 구성원이 현재 소유하고 있는 역량이나 과거 직무 경험은 물론이고 이후 경력개발 및 성장 등에 대해 자세히 이야기해 줌으로써 가장 적합한 사람이라는 것을 인지시켜준다, 자신감C(confidence), 자신감은 스스로 일을 성공적으로 추진할 수 있다는 믿음을 주는 것이다. 일의 성공을 위해 활용할 수 있는 내부 자원과 기회, 지원 사항에 대해 자세히 설명해 줌으로써 일을 추진할 수 있다는 자신감을 끌어내는 것이다. 만족감S(satisfaction) 일을 완수했을 때 어떤 보상이 따르는지에 대한 피드백을 해 주는 것이다. 일을 통해 역량이 성장하고 성공적인 일을 수행했을 때의 보상에 대해 이야기해주는 것이다. 만족감은 직원들이 스스로 수행한 결과에 기분이 좋을 때 유발되어 계속 일을 하고 싶은 마음이 생긴다. 구성원 개인적으로 목표를 달성하고 그 결과에 만족하면 일하고 싶은 내적 동기는 계속 유지되고, 자신의 역량이 향상되었다는 인지적 평가는 일을 통해 발전했다는 내적 동기를 더욱 강화 시킨다. 리더들이 결과에 대한 긍정적인 피드백을 주어졌을 때, 그리고 구성원들이 스스로 일하는 상황을 조절할 수 있을 때 만족감은 더 높아진다.

04

성장을 위한 성과 관리

(조직)

경쟁이 성장을 만든다!

VS

공정한 평가와 피드백이 있어야

성장할 수 있습니다.

(MZ세대)

구성원의 성장은 언제 이루어질까?

다른 사람을 정복하는 사람은 강한 자다.

자기 자신을 정복하는 자는 위대한 자다.

-노자

(조직) 조직 경쟁이 성장을 만든다?

한때 생산성을 높이기 위해 경쟁적 기업문화를 정착시켰다. 그 결과 직원들 사이에 경쟁의식이 강하게 자리 잡게 됐다. 실제로 일 처리가 빨라졌고, 생산성은 높아졌다. 눈에 띄는 성과까지 있었다. 하지만 부작용도 적지 않았다. 기본적으로 동료를 협력자가 아니라 경쟁자로 인식하면서 부서 간 협업이 잘 이뤄지지 않고 조직 이기주의에 빠졌다. 생산성은 경쟁을 통해서 높아지는 게 아니다.

(MZ세대) 공정한 평가와 피드백이 있으면 성장할 수 있습니다.

MZ세대가 업무를 할 때 요구하는 것이 바로 명확한 피드백이다. 개인 성장이 기업의 성장이라 생각하며 개인의 성장을 위한 지원을 당당하게 요구하는 것이다. 지금 있는 직장을 정류소 같은 곳이라 여기지만 일을 허투루 여기지 않기 때문에 최대한 능력을 발휘하는 것을 중요하게 생각한다. 공정한 평가와 피드백으로 성장

가능성이 큰 곳이라면 정착하려는 의지도 강하다.

💬 [MZ세대] 와 함께 일하려면
공정성이 부족한 상대 평가를 바꿔야 한다

대부분 회사에서는 개인적인 성과에 기반을 둔 상대 평가를 도입하고 있다. 상대 평가는 크게 업적 평가와 역량 평가로 구분된다. 업적 평가는 업무 성과에 따라 평가 서열을 결정하고 평가 등급을 강제로 배분한다. 등급을 기준으로 기본급 인상률과 성과급 지급액이 결정되고 승진에 필요한 점수가 누적된다. 이런 평가 등급을 결정하는 이유는 몸무게나 키 분포처럼 직원들의 성과가 정규분포를 따른다는 가정에 의한 것이다. 정규분포란 평균에 가까울수록 발생할 확률이 높고 평균으로 멀어질수록 발생할 확률이 적은 현상을 나타내는 통계학적 용어이다. 예를 들어 '남성 평균 키가 173이라면 173인 사람의 수가 가장 많고 163이나 183 이상인 사람의 수는 상대적으로 적을 것'이라는 가정이다.

정규분포에 따른 분포

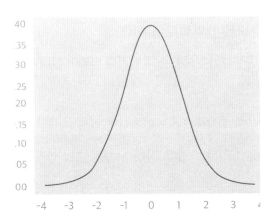

멱함수에 따른 분포

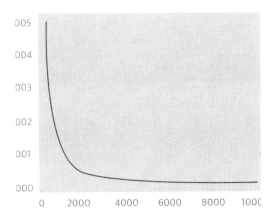

역량 평가도 정규분포에 기반을 두어 상대 평가를 하는데 이것은 업적 평가보다 더 모순적이다. 역량은 사람의 소질, 가치관, 성격상의 특성 등과 관련되기 때문에 교육이나 자기 계발 등을 통해 오랜 시간에 걸쳐 향상되기 때문에 자로 잰 듯 평가할 수 없다.

오보일과 아귀니스의 연구는 '실제 성과 분포는 정규분포가 아니라 멱함수 분포에 가깝다'라는 사실을 밝혀냈다. 멱함수 분포란 긴 꼬리처럼 생겨서 살찐 꼬리 혹은 롱-테일이라 부르는데 특수한 사건의 빈도가 급격히 줄어들 때 이러한 분포 형태가 나타난다. 예를 들어 연예인들이 벌어들이는 수입은 평균적인 값에 몰려 있기보다는 99%의 적은 수입을 벌어들이는 연예인과 1%의 아주 큰 수입을 벌어들이는 연예인으로 양분되면서 다수가 왼쪽에 분포하고 왼쪽으로 갈수록 가늘어지는 형태를 보인다. 회사에서 직원들의 성과나 역량 분포 역시 마찬가지이다. 즉 직원 대부분 성과는 거의 비슷하며, 뛰어난 성과를 보이는 직원은 매우 극소수이다.

이러한 상대 평가는 내부 경쟁과 사내 정치를 조장한다. 개인적 창의성을 중시하는 MZ세대 직장인을 이 같은 잣대로 평가를 하면 경쟁적 문화로 팀워크와 협업을 해치게 된다. 직원의 서열화는 인류의 조상들이 맹수들과 맞닥뜨렸을 때만큼 스트레스를 준다는 뇌 과학 관점이 있다. 구성원의 80%는 스스로 상위 20% 내에 속한다고 생각하는데, 서열화한 평가 결과를 접하면 자기가 받는 등급이 공정하지 않다고 생각하게 된다. 우리 뇌는 정상적인 판단을 불가능하게 만들고 교감 신경을 강하게 활성화해 매우 공격적인 행동과 부정적인 마음을 품게 한다. 평가 시즌이 끝나면 팀 내 분위기가 어두워지고 협업하는 분위기가 무너지는 원인이 되기도 한다.

💬 성과 관리를 성장 관리로 만드는 법

① 절대 평가로 전환하기

조직 목표는 구성원 개개인의 노력과 협력을 통해 달성된다. 하나의 제품을 만들기 위해 기획, 개발, 생산, 판

성과급 논란 관련 주요 기업 직원들의 말말말

더 받겠다는 게
아니다. 우리는 투명한
성과급 기준 공개가
더 중요하다

내년에도
열심히 일하면 성과급
오를 거라고? 그 말을
믿어야 하나

임원들은 위기경영
외치면서 본인들
성과급은 최고로
챙긴다

경쟁사는 성과급
설명회를 가졌는데
우리는 언론에
나고 알았다

경쟁사보다
현저히 적다.
이럴 때만 경쟁사와
비교하지 말자고 한다.

임원이 자의적
판단으로 성과급
수준 결정… 성과급
계산식을 알려 달라

[출처: 동아일보 2021. 02.08]

매, 지원부서의 협력이 유기적으로 이루어진다. 여럿의 수고로 만들어진 하나의 성과인 것이다. 그에 대한 보상은 골고루 공정하게 배분될 수 있도록 해야 한다. 상대 평가를 하는 MS의 스택랭킹(Stack Rankin)*방식은 조직 내 협업을 해쳤다. 다수의 기업이 성과 관리의 정석 MS의 방식을 따랐지만, MS는 조직문화를 병들게 하고 궁극적으로 조직의 성공을 막는 방식이라는 것을 인정했다. 이후 '잃어버린 10년' 리포트를 통해서 구성원의 지속적인 학습과 성장을 강조하는 새로운 성과주의 방법을 도입했다. 스택랙킹 방식을 포기한 이후 MS는 변화에 성공하고 주가 역시 4배 이상 오르게 되었다. 지금은 시가 총액 1조 달러 이상의 기업이 되고 총액기준 애플을 넘어서게 되었다. MS의 새로운 성과주의 방법에 핵심은 인위적 서열화 반대와 구성원 성장에 투자 확대이다.

---

* 스택랭킹이란? 구성원들 평가점수를 기준으로 층을 쌓듯이 서열화 한다는 뜻에서 부르는 말이다. 구성원의 성과를 점수 또는 등급으로 환산하는 인사평가 방식으로 일반적으로 A등급 20%, 등급 70%, C등급 10%로 구분하여 하위 10%를 퇴직시킨다. GE의 CEO 잭웰치가 이러한 방식으로 탁월한 성과를 내면서 2012년 기준으로 fortune 500대 기업이 60%가 스택 랭킹을 도입하였다.

② 성과 관리에 공정성 확보하기

2021년 초 대기업 성과급을 둘러싼 내부 갈등이 크게 확산하면서 사회적 관심사로 떠올랐다. 특히 SK하이닉스 입사 4년 차 직원이 이석희 사장을 포함한 전 구성원들에게 공개적으로 항의 이메일을 보낸 것을 계기로 불만이 본격적으로 쏟아져 나왔다. 최태원 SK그룹 회장이 '연봉 반납'을 선언하고, 이석희 사장이 사과를 표명하는 이메일을 전 직원에 보냈지만, 논란은 사그라지지 않았다. 직원들은 성과급 산정 지표로 삼는 'EVA'(Economic Value Added · 경제적 부가가치)'를 공개하라고 요구했으나 사측은 영업 기밀에 해당해 공개할 수 없다는 견해를 고수했다. 과거에는 성과급을 주는 대로 받았다면 MZ세대는 정확한 산정 근거를 요구하며 노력한 만큼 받을 건 받겠다고 한다.

MZ세대 직원에게 성과와 보상에 대한 공정성은 회사 생활을 하는 데 있어 중요한 가치이다.

🗨 성공적인 성과 관리 체계는?

① 수평적이고 자율적으로

공정성을 확보한 기업들의 공통점은 문화 통제와 간섭을 최소화하여 과감하게 개인들에게 권한 위임을 하는 문화가 정착돼 있다. 충분히 자신의 의사를 표출하고, 스스로 선택할 수 있는 것들이 많다. 이렇게 수평적이고 자율적인 분위기일수록 공정성에 대한 믿음이 강하다.

② 공정성이 확보된 평가제도로

구글의 평가 제도인 OKR(Objectives and Key Result)은 공정성이 확보된 대표적인 평가 제도이다. 평가자와 합의 하에 자신의 업무 목표(Objectives)를 정하고, 그 목표 달성의 증거로 내놓을 수 있는 구체적인 결과 지표를 함께 설정한다.

　　매년, 그리고 매 분기가 시작할 때, 회사의 OKR이 발표되고, 그에 맞춰 직원들은 개인의 OKR를 설정한다. 분기마다 본인이 먼저 자기 평가를 작성하면 함께 일한 동료들이 '사업목표 기여도' '문화 적합성'을 중심으로 동료를 평가한다. 자기 평가와 동료 평가를 기반으로 평가자는 절대 평가 방식으로 등급을 부여한다. 연 2회, 절대 평가로 등급 초안이 나오면 조직 내의 비슷한 일을 하는 팀 관리자들이 함께 모여 모든 직원의 등급 판정을 함께 검토하는 회의Calibration session를 진행한다. 평가 결과가 나오면 개인의 목표와 실적은 해당 부서 동료들에게 공개해 평가의 공정성과 객관성을 높이고 있다. 이를 통해 공정하고 효율적인 성과평가를 하며 직원들에게 의미 있는 피드백을 받을 기회를 제공해 개인의 성장을 돕는다.

③ 상시 피드백

·수시 피드백하기

MZ세대에게 1년에 한 번만 하는 평가는 맞지 않다. 수시로 진행 상황에 대한 평가와 방향 확인을 하는 것이 좋다. 평소에 아무 피드백이 없다가 연말에 한 번 진행하는 평가에 대해 직원들은 공정성을 의심할 수밖에 없다. 수시로 피드백 미팅을 진행해 서로 기대하는 결과를 명확히 합의하고, 이에 대한 눈높이를 계속 맞춰가는 과정이 있어야 평가의 수용성을 높일 수 있다.

·일대일로 피드백하기

구글의 킴 스콧은 수용성 높은 상시 피드백을 위해 매주 팀원들과 개별적으로 대화를 가질 것을 추천한다. 매주 일대일 대화를 통해 업무의 우선순위를 묻고 도울 방법이 무엇인지 함께 찾아간다. 일의 의미를 명확하게 설명하고 중간, 중간 피드백을 주어 일의 방향을 제대로 설정해 줘야 한다. 연중 일관된 피드백을 받았기 때문에 연말에 자신의 성과를 더욱 쉽게 수용할 수 있다. 이러한 상시 피드백은 관리자만 직원에게 제공하는 것이 아니다. MZ세대도 자신의 의견을 밝히고 업무 개선에 반영할 수 있다. 이런 개별적인 대화는 개인에게 관심을 기울이고 성장하도록 돕는다는 의사 표현이 되기 때문에 일에 대한 열정을 끌어낼 수 있다.

·미래지향적으로 피드백하기

상시 피드백은 지나간 업무 성과에 대한 것 보다 예정된 업무에 대한 지원 및 우선순위 등에 관한 내용이 좋다. 리더보다 팀원이 대화를 주도하도록 설계해야 한다. 성과 관리는 구성원의 잘잘못을 따지는 것이 아니라 이들의 역량 개발이 목적이며 조직의 목표 달성에 도움이 될 수 있는 인재 양성을 목적으로 설계되어야 한다.

국내 기업의 피드백 면담은 대부분 자유롭고 수평적인 회의 분위기가 아니다. 면담해도 업무 성찰이나 문제 해결보다는 문제점을 숨기거나, '보여주기식' 미봉책에 불과한 경우가 많다. 성과 관리가 효과적으로 이뤄지기 위해서는 관찰 및 객관적 사실에 기반한 피드백과 함께, 자유로운 토의가 이뤄질 수 있어야 한다.

• 상호 존중 피드백하기

상시 성과 관리의 핵심은 상호 존중을 기반으로 하는 소통이다. 리더와 구성원이 상호 이해하는 가운데 구성원의 장점에 초점을 맞추고 내재적 동기를 부여할 수 있어야 한다.

MZ세대가 원하는 진정한 혁신을 위해서는 조직의 존재 이유와 개인의 성공에 대해 논의하는 시간이 필요하다. 이러한 내적 동기 발생이 고(高)성과로 이어진다. 고성과 집단에 대한 최신 연구를 보면 구성원 간에 상호작용과 자유로운 소통이 잘 이루어질수록 구성원은 자신의 강점을 잘 활용하고 할 일과 역할에 대해서 명확히 알고 있다고 한다.

05

소통 분위기 만들기

(조직)

소통은 회식으로부터!

VS

소통은 항상 필요한 것!

(MZ세대)

소통을 한다는 것은 무엇일까?

내가 무슨 말을 했느냐가 중요한 게 아니라

상대방이 무슨 말을 들었느냐가 중요하다.

-피터 드러커

(조직) 어울려야 가까워지지.

조직에서 본 MZ세대는 가까워질 생각은 안 하면서 소통이 안 된다고 하는 불만 많은 구성원이다. 칼퇴근을 하느라 회식에 참석하지 않고, 어쩌다 선배로서 뭔가를 가르쳐 주려고 해도 이미 알고 있다는 식으로 군다. 참 소통하기 어렵다.

(MZ세대) 소통은 자연스럽게 하는 것

MZ세대는 집단에서도 자신만의 목소리를 가진 개인이길 바란다. 어릴 적부터 소셜미디어를 통해 다양한 사람과 관계를 맺는 것이 익숙하고, 좋아요, 하트, 리트윗 등의 방식을 통해 인정받는 것을 좋아한다. 또한, 상대가 누구이든 자율적이고, 즉각적인 소통을 하는 것이 자연스럽다. 이렇게 수평적 소통에 익숙한 MZ세대는 불합리한 일에 대해 명확하게 자신의 의견을 제시한다. 그러나 의견을 무시당하거나, 불이익을 걱정해야 한다면 소통에 대한 부정적인 경험이 쌓이게 된다. 결국 "말해봤자."라는 식이 되면 리더가 아무리 소통을 강조하고 함께하자고 해도 입을 다물게 되는 것이다. 그렇다면 조직을 신뢰하게 만드는 자연스러운 소통은 어떻게 하는 것일까?

💬 [MZ세대] 와 함께 일하려면 자유로운 소통 환경이 필요하다

1. 공유하고 토론하는 소통의 장 만들기

카카오는 사내 복지, 비즈니스, 제도 등 모든 것을 공유하고 토론한다. '카카오 아지트'라는 공간에 모든 경영진과 일선 직원들이 아이디어와 업무의 어려움, 새로운 정책 등을 올리면 그 즉시 의견들이 올라온다. 그 어떤 의견에도 인사상 아무런 불이익이 없다. 이렇게 조직에 대한 신뢰도가 높기 때문에 강하게 비판하는 의견도 여과 없이 등장하며, 모든 것이 실명이다.

카카오는 MZ세대와의 솔직한 의사소통을 위해 〈신뢰, 충돌, 헌신〉을 핵심가치로 정하고 있다. 모든 직원들이 조직의 핵심 가치를 소통의 기본 규칙으로 활용하고

있다. '신뢰'는 충돌하더라도 서로 좋은 의도를 가지고

있을 것이라는 믿음이며, 이러한 신뢰를 바탕으로 가장

좋은 안을 내기 위해 의견을 나누는 과정을 '충돌'이라

회식 문화 관련 20대와 50대 감수성 차이

팀워크 향상을 위한 회식이나 노래방 동참 등은 조직문화를 위해 필요하다

50대	71.60 %
20대	59.85%

회식이나 단합대회에서 분위기를 띄우려면 직원들의
공연이나 장기자랑이 있어야 한다

50대	77.0%
20대	66.91%

휴일에 단합을 위한 체육대회나 MT와 같은 행사를 할 수 있다

50대	73.36%
20대	62.35

휴일이나 명절에 일을 마쳐야 한다면 부하 직원들을 출근시킬 수 있다

50대	72.07%
20대	62.65%

[출처:직장갑질119]

고 한다. 충분히 논쟁하고 부딪치며 나온 결론에 대해
모두 '헌신'하는 것이다.

2. 할 말을 할 수 있는 소통 환경 만들기

SK그룹은 스피크 아웃 프로그램을 운영한다. 스피크
아웃 프로그램은 MZ세대의 자기 결정권과 자율 참여
의 요구를 모두 충족시키기 위한 것이다. 직원 누구나
'왜요?'라는 말을 마음껏 할 수 있다. 편안하고 적극적
으로 자신의 의견을 이야기할 수 있는 분위기를 만드는
것이다. 할 말 하는 문화, 스스로 만드는 행복이라는 관
점에서 필요한 의견을 솔직하게 말하며 회사는 직원들
의 의견 청취를 넘어 직원들이 직접 제도를 개선하도록
권한을 준다.

06

소통 공간 만들기

(조직)

업무 환경이 중요한가?

VS

업무 공간 = 창의성. 협업, 재미, 소통의 공간

(MZ세대)

사람은 공간을 만들고, 공간은 사람을 만든다.

-윈스턴 처칠

(조직) 공장 같은 사무실

책상마다 칸막이가 있지만 뭔가 뒤가 불안할 때가 있다. 모니터에 보안 필름을 붙이고, 업무적으로 하는 얘기도 괜히 신경 쓰여서 메신저로 주고받기도 한다. 사무실이 답답해 작은 휴게실은 찾아가도 혹시나 상사들을 마주칠까 싶어 불안한 느낌이다. 직장인들이 평균 10시간을 보내는 사무실의 흔한 풍경이다. 이런 사무실의 형태는 20세기 초반 유럽을 중심으로 만들어

시기	사무실 변화
20세기 전	1인 및 2, 3인용 공간 위주, 작은 주거용 건물 활용
1900년 초	화이트컬러 팩토리로 이행, 유동적인 대규모 개방형 구조, 사무기기로 가득
1950, 60년대	오픈 플랜오피스 확산, 넓은 공간에 칸막이 없이 책상 배치, 천장 조명, 공조기 설치
1970년대	셀룰러 오피스 등장, 직원별 개인별 사무실 부여 및 자연광 확보, 사무실 설계 다양화 시도
1980년대	인텔리전트 빌딩 등장, 컴퓨터 활용한 공조시스템, 정보, 통신 기술 적용
1990년대	모바일 오피스 도입. 인터넷 기간 협무 공간 운영, 재택근무 도입
2000년대	자유롭고 실험적인 오피스 디자인 시도, 모바일 오피스 활성화, 다양한 복지 공간 도입. 개방성, 프라이버시 조화

[출처: 국민일보, 2018.12.10]

졌다. 대량생산과 기업 합병이 활발해지면서 대기업이 등장하고 사무직 영역이 확대된 시기다. 넓은 개방형 공간에 요란한 사무기기로 가득 찬 형태는 마치 공장과 같은 분위기라서 화이트칼라 팩토리(White-Collar Factories · 사무직 공장)라는 별명을 얻었다.

윈스턴 처칠의 말처럼 사람은 공간을 만들고, 공간은 사람을 만든다.

이제 업무 환경은 기업문화를 반영하는 표상인 동시에 기업의 문화적 특성을 강화하는 중요한 역할을 한다. 업무 공간을 통해 기업이 추구하는 가치가 무엇이고 회사가 직원들을 얼마나 배려하는지 한눈에 알 수 있다. 기존의 위계 중심적인 문화를 수평적인 문화로 바꾸기 위해서는 업무 공간도 수평적으로 함께 바꿔 주어야 한다.

(MZ세대) 일하는 곳이 재밌으면 일도 재밌게 할 거 같아요.

배달의 민족 애플리케이션을 만든 우아한 형제는 우리나라 스타트업 대표주자다. 우아한 형제의 본사는 B

급 감성과 B급 문화를 추구하는 기업의 방향성을 그대로 담고 있다. 주류를 따르지 않는 유머와 위트로 가득 차 있으며 노는 곳, 일하는 곳, 쉬는 곳을 구분하지 않았다. 이처럼 기업의 혁신과 함께 공간을 혁신하는 기업이 늘고 있다. 회사의 중역이 차지하고 있던 회사 건물의 전망 좋은 공간은 요즘 점점 직원들의 쉼터가 되고 있다. 시대가 변하면서 공간의 주인도 바뀌고 있다. 업무 공간의 변화는 기성세대의 일하는 방식에 대한 관점을 바꾸고 실제 행동 변화로 이어지게 한다. MZ세대에게는 자율과 책임을 갖고 스스로 일하는 방식을 업무 공간 속에서 찾아 성과를 낼 수 있게 한다.

🗩 [MZ세대] 와 함께 일하려면
창의적, 수평적 업무 공간 혁신이 필요하다

창의적인 업무 환경 개선에 대한 기업들의 관심이 높다. 임원과 직원 간 구분을 없애고 새로운 아이디어가 발산될 수 있는 개방형 회의실, 웬만한 고급카페보다 우수한 카페테리아, 프라이버시를 보장하면서도 다른 직원과의 커뮤니케이션을 활발하게 할 수 있는 편안한 공간을 조성하고 있다.

창의적 소통을 끌어내기 위한 근무환경의 실험은 미국에서도 한창이다. 직원들과의 대화 속에서 새로운 아이디어도 얻고 서로 협업할 기회를 확대할 의도이다. 구글과 자포스는 직원들이 서로 마주칠 수밖에 없도록 휴게실과 사무공간을 다시 좁히고 있다. 구글은 소통과 직원의 행복을 유지 시키는 것이 핵심이다. 새 사옥에서는 모든 직원이 2분 30초 안에 서로 다가갈 수 있도록 설계되었다. 또한, 즐겁고 쾌적한 근무환경에서 인재들이 맘껏 능력을 발휘해 조직의 성과로 이어질 수 있도록 하고 있다. 노는 것처럼 일할 수 있는 근무환경은 더 창의적인 업무를 수행할 수 있으며 더욱 몰입하여 일함으로써 긍정적 업무 결과를 가져올 것이라고 확신하기 때문이다.

자포스도 사옥을 새로 지을 때 1인당 사무공간을 줄였으며, 휴게실도 아주 작게 만들어 서로 부딪칠 수밖에 없게 만들었다. 엘리베이터에서는 간단한 게임을 설치하여 늘 침묵이 흐르는 공간을 재미가 있는 소통의 공간으로 바꾸었다. 각자 자신이 꾸미고 싶은 아이템을 가져와 사무실에 비치하고, 책상 위를 개인의 원하는 대로 자유롭게 꾸밀 수 있도록 독려한다. 회의실도 팀 단위로 꾸밀 수 있고, 다른 팀에게 임대할 수도 있다. 이는 팀 단위의 창의성을 자극하고 동시에 팀워크를 키우는 목적이다.

1) 자유롭게 선택할 수 있는 업무 공간

고정된 좌석에서 오랫동안 일하는 것은 일의 효율성을 해치고 창의적 아이디어를 가둘 수 있는 요인이다. 요즘엔 업무 스타일에 맞게 다양한 업무 공간을 추구하는 〈다다 옵션〉을 선호한다. 언제 어디서든 리모트 워크가 가능해지면서 지정된 좌석 없이 일하는 방식에 따라 다양한 공간을 업무 공간으로 이용하는 것이 〈다다 옵션〉이다.

개방형 사무실과 독립형 사무실을 적절하게 선택할

수 있는 하이브리드 개방형 사무실 환경을 구축하는 것이 좋다. 각기 다른 상황에 따라 실질적으로 차별화된 환경을 선택할 수 있는 공간을 마련하는 것이다. 특히 비지정좌석제도는 동일 워크 스테이션으로 구성하기보다는 그날 필요로 하는 협업 수준에 따라 다양하게 선택할 수 있도록 구성한다. 비지정좌석제는 물론 고정좌석제에서도 기본 업무 공간 외 일에 집중하고 싶거나 일이 급할 때 직원들이 일시적으로 활용할 수 있는 기능적 공간이 필요하다. 포커스나 폰부스 같은 개인 몰입 공간, 근무자 건강과 집중력에 도움을 주는 입식 업무 공간 등은 필요시 일시적으로 사용하여 업무 효율을 높일 수 있다.

미국 마케팅 소프트웨어 개발업체인 허브 스팟의 인사책임자 케이티 버크는 자리 배치를 자주 바꾸면 특정 부서가 타 부서와 소통하지 않고 스스로 고립하는 '코너 오피스 증후군'이나 '조직 내 패거리 문화'가 발생하는 것을 방지할 수 있다고 한다. 일단 팀 내 전문분야에서 충분히 역량을 쌓은 후 다음에 새로운 사람과 만나면 창의성이 더 높아진다. 특히 가까운 자리는 새로운 동료와 신뢰를 쌓고 가치 있는 지식을 나눌 수 있게 한다. 바뀐 자리의 새로운 동료와 나눈 몇 마디 말에서 영감을 얻어 점진적 창의성을 '급진적 창의성'으로 바꿀 수도 있다. 그러나 시간이 지나면 효과가 사라지게 되는데 이러한 현상을 '성숙 효과'라고 한다. 따라서 자리 배치를 자주 바꾸는 것에 의해 다른 새로운 지식을 습득할 수 있어 창의성에 도움을 준다.

2) 함께 일하는 공간

여러 부서가 함께 프로젝트를 진행하거나 업무를 공유하는 경우가 많아지면서 자유로운 협업 분위기는 필수가 되었다. 편한 대화가 가능한 협업공간에서 일하게 되면 창의적인 아이디어뿐만 아니라 일의 속도도 빨라지게 된다.

토머스 앨런(1977)은 역사상 최초로 물리적 거리와 커뮤니케이션 빈도 사이의 강력한 반비례 관계를 알아냈다. 앨런 곡선을 통해 우리는 20미터 떨어져 있는 사람보다 2미터 떨어져 있는 사람과 커뮤니케이션을 더 자주 하게 될 확률이 4배 높고 다른 층이나 다른 건물에 있는 동료와 거의 커뮤니케이션을 하지 않는다는 것을 측정해 냈다.

그런데 우리는 전과 다르게 IT기술 덕분에 서로 만나지 않아도 회의에 참석하고 협업에 필요한 문서를 작성할 수도 있다. 이런 경우에도 앨런 곡선은 유효하다. 거리 단축 기술이 빠르게 발달할수록 근접성이 더욱 중요하다는 것이 밝혀졌다. 벤웨이버 연구 결과는 물리적 공간을 함께 쓰는 엔지니어들이 서로 다른 곳에서 일하는 엔지니어들에 비해 디지털 방식으로 교류할 확률이 20% 높은 것을 밝혀냈다. 긴밀한 협조가 필요한 경우 같은 공간에서 일하는 사람들은 그렇지 않은 사람들보다 e메일을 주고받는 빈도가 4배 높았고 그 결과 프로젝트 완료까지 걸린 시간도 32%나 줄었다. 물리적으로 멀리 떨어진 팀들은 인접한 팀만큼 성과를 내지 못하다는 사실들이 연구들로 입증되었다.

소셜 네트워크 분석 기업 소시오 메트릭 솔루션스

의 고객 데이터 분석 결과는 옆자리 동료와의 대화 비중은 40~60% 수준이지만 두 줄 이상 떨어진 동료와는 5~10% 수준에 불과한 것으로 나타났다. 씨티 은행의 경우 관리부서와 대출부서를 같은 층에서 서로 마주 보도록 배치함으로써 오랫동안 지속되어 온 두 부서의 갈등을 해결할 수 있었다. 서로에 대한 이해가 부족했던 부서가 물리적으로 가까워진 후 소통이 활성화되고 이를 통해 더욱 원활한 업무 처리가 가능해진 사례이다.

3) 책상만큼 중요한 휴식 공간

하루 8시간을 꼬박 일하는 것은 업무 효율을 떨어뜨린다. 휴식은 직원의 컨디션을 최상으로 유지하게 하고 일하는 시간에 더욱 집중하게 한다. 휴식은 구성원의 창의성 향상에 도움이 되는데 책상에서의 일상적인 활동과는 다른 창의적 두뇌 활동에 기여한다. 휴식 공간은 각자 다른 행동을 하는 직원들이 비공식적으로 서로 영향을 주고받으며 가벼운 휴식을 통해 창의적인 사고를 촉진한다.

박창호 전북대 심리학과 교수는 멀리 떨어진 개념들을 서로 연결하는 능력이 창의성에 중요한 요소이며 업무 집중과 이로 인한 긴장은 창의성을 방해하는 반면, 멍한 상태로 있을 때 심리적으로 이완되고 창의적인 사고를 할 수 있다고 하였다.

구글은 놀이터와 일터의 경계를 허물어 버렸다. 회의실에는 책상이 없어서 원하는 자세로 이야기한다. 라운지에서는 팀원들과 편하게 누워서 회의한다. 독창적인 공간 디자인 덕분에 자유롭게 서로의 의견을 받으면서 토론이 가능하다. 휴식하면서 자연스럽게 만날 수 있는 교류의 기회를 제공하여 사람들이 서로 스스럼없이 어울릴 수 있는 분위기를 조성하는 것이다. 다양한 사람들의 어우러짐이 창의성과 생산성을 증진 시키는 필수 요건이기 때문이다.

휴게 공간도 상황이나 목적에 따라 다를 수 있다. 라운지는 흔히 로비 등에 마련된 휴식, 접객 등을 위한 공간이지만, 최근에는 캐쥬얼한 회의나 간단한 업무까지 가능한 복합 공간으로 확장하고 있다. 사무실 가운데에 휴식 공간이나 카페 등과 같은 공간을 만들어 멋진 소파를 두거나 커피 머신이나 냉장고 등을 두고 다른 부서 직원들과 자연스럽게 만나 협업의 기회를 얻는다.

또한, 업무나 다양한 교양 서적이 비치된 북카페 같은 공간을 만들면 휴식하거나 가벼운 업무 할 수 있는 공간으로 활용할 수 있다. 카페테리아는 간단한 간식이나 음료 등을 준비하여 잠시 일상적인 대화를 할 수 있게 한다.

직장에서 같이 커피를 마시고 수다를 떠는 시간은 자연스럽게 비업무적 관계를 인간관계를 맺고 직무와 무관한 이야기를 나누다 보면 새로운 아이디어가 떠오른다. 서로 다른 가치의 충돌을 통해 나오는 창의성은 업무와 상관없는 사람들이나 옆에 있는 동료와의 활발한 이야기 속에서 일어나는 경우가 많이 있기 때문이다.

[기성세대] 함께하기

[기성세대] 이해하기

베이비붐 세대가 썰물처럼 빠져나가고 기존 세대에 저항했던 86세대가 '리더 층' 자유주의적 성향이 강했던 97(X세대) 세대가 '중간관리자'를 이루며 조직 내 기성세대를 대표하고 있다.

1) 86세대(1964~1969)

1960년대 태어나 1980년대 대학에 다니며 학생운동, 민주화 투쟁에 앞장섰던 세대다. 한국전쟁 이후에 태어나 전쟁을 경험하지 않은 세대라고 하여 '전후(戰後)세대'로 불렀다. 1960년대 당시에 평균 출산율이 5명대를 기록해서 대략 1,200만 명이 86세대에 속한다. 대한민국 인구의 1/4 수준으로 대한민국 사회에서 가

22년 차이 취업준비생 비교

서울대 독어독문학과		
1992년 졸업 이OO		2014년 졸업 김OO
2.70	학점	3.64
없음	어학 점수	토익965, 토익스피킹 레벨7
운전면허증 1종 보통	자격증	한국사 능력 시험 1급, 한자 능력 시험2급, MOS 마스터, 컴퓨터활용능력1급
없음	기타경력	독일교환학생 6개월, 교육봉사 100시간
입사 추천 받아 대기업 건설사 합격		대기업, 공기업 등 23곳 지원해 모두 불합격

[출처: 취업대학교]

장 큰 주류집단이다.

80년대 초반 경제성장과 함께 대학들의 분교 설립 열풍과 졸업 정원제 실시로 대학 정원이 거의 1.5배에서 2배 가까이 팽창했다. 그 덕에 86세대들은 다른 세대에 비해서 대학에 쉽게 들어갔다. 또한, 고용불안, 소득 불안정 같은 경제적인 부족함은 상대적으로 덜했으며, 사회진출의 경로도 매우 넓었다. 대학 졸업장만 있으면 학점과 관계없이 직장을 골라 갈 수 있었다.

586 세대가 차지한 권력 (단위%), 문제인 정부 초기 기준

48
국회의원

63.3
장, 차관급
공직자

69.6
청와대
수석비서관

[출처: 도서 386 세대유감]

1990년대 터진 외환위기도 이들을 비껴갔다. 거센 구조조정의 대상은 이들 바로 위에 선배들로 외환위기는 오히려 이들이 한국 사회의 중심 무대로 진출하게 되는 계기가 되었다.

86세대는 인구수도 다른 세대들보다 압도적으로 많다. 그러다 보니 유명 인사들도 많고, 기업체의 요직과 정부 관료를 차지하고 있으며, 담론을 주도하고 자원을 배분할 힘을 가졌다. 이러한 능력은 86세대뿐 아니라 다음 세대의 환경에 상당한 영향력을 행사하고 있다.

2) 97세대(1970~1979년)

97세대는 70년대에 태어나 1990년대 초반에 대학

대한민국 세대구분

세대	출생연도	경험한 역사적 사건
산업화 세대	1940~1954년	한국전쟁, 베트남 전쟁
베이비부머 세대	1955~1963년	5.16군사정변, 새마을 운동
86세대	1960~1969년	6.10항쟁, 민주화 운동
97세대	1970~1980년	성수대교, 삼풍 백화점 붕괴
M세대	1981~1996년	월드컵, 외환위기, 금융위기
Z세대	1997년~	금융위기, 정보기술(IT)붐

[출처: 한국경제신문, 2018.10.15]

을 다녔거나 졸업한 사람들을 일컫는다. X세대라고도 하는데 더글라스 커플랜드의 소설 'X세대'에서 유래된 말로 마케팅 업계에서 기성세대와 확연히 다르지만, 마땅히 정의하기 힘든 이 세대를 X세대라 부르기 시작했다.

X세대는 물질적인 풍요 속에서 개인주의를 탄생시키고, 남들과 차별화되길 원하는 개성으로 뭉친 신세대였다. 컬러 TV(80년 첫 컬러 TV 방송 시작)와 함께 성장해서 1990년대 국내 대중문화의 부흥을 이끌었다. 워크맨과 삐삐가 유행했고, 개성 있는 생활 습관으로 90년

대를 주름잡았다. X세대는 가장 진보적인 세대라는 평가를 듣기도 했다.

민주화운동의 주역인 86세대 다르게 97세대는 비교적 자유로운 분위기의 대학을 다니면서 개인주의적 성향을 가진 첫 번째 세대로 분류된다. 88 올림픽 이후 해외여행 자유화가 되면서 배낭여행 1세대이기도 하다.

그러나 대학 졸업을 전후로 외환위기의 직격탄을 맞았다. 외환위기로 사회와 가정의 붕괴를 겪으며 집안 배경보다 개인의 노력과 역량을 중시하는 세대로 자리

386세대의 가장 큰 문제점은(단위 %)

문제점	응답 비율
세대에 뒤떨어진 생각, 편 가르기 형태	23.1
기득권 독점, 후속세대 배려부족	21.8
사회 불평등 구조 방관	13.5
권위주의, 꼰대화	10.9
강한 민족주의 성향	10.1
도덕적 타락	8.9
문제점 없다	2.6
모름, 무응답	9.1

[출처: 중앙일보. 2019. 09. 27]

매김했다. 취업난으로 스펙 경쟁을 겪은 최초 세대인 만큼 전쟁보다 경제적 아픔을 느낀 세대이다. 30대가 되었을 때는 IMF를 겪었고 본격적으로 내 집 장만을 해야 하는 40대에는 아파트값 폭등으로 역풍을 맞았다. 어렵게 직장에 들어와서도 직장 내 안정된 지위를 확보하고 생존하기 위해 불공정한 대우에 침묵하고 충성하는 세대였다. 자기 목소리를 내기 힘들었기 때문에 야근, 주말 출근, 휴가 포기 등을 비교적 자연스럽게 받아들였다.

🗨 기성세대

86세대는 성장 과정은 힘들었지만, 산업화의 수혜를 가장 많이 입었다. 86세대가 사회에 진출하기 시작한 1980년대에서 1990년대 중반은 경제적 호황기에, 경제 규모가 성장하던 시기다. 노동자 대투쟁 이후 임금도 상승했고, 고졸 출신이 중소기업에 다녀도 4인 가족 부양이 가능했다. 하지만 사회 연구가들은 86세대에 대해서 비판적 견해를 가지고 있다. 군사정권과 싸워 민주화를 이룬 세대이지만 직장 내에서 상위층을 이루며 이전 세대의 집단주의, 권위주의 병폐를 그대로 대물림 받았다. 또한, 정치적 정당성과 자원을 너무 오랫동안 독과점하고, 후속 세대에게 돌파의 기회를 만들어 주지 못하는 등 구조적 문제를 해결하는 데 소홀했다는 비판을 받고 있기도 하다.

97세대는 개인주의와 탈이념 등에 심취했다가 외환위기를 맞으면서 급히 철이 든 세대로 세상에서 살아남

X·Y·Z세대별 커뮤니케이션 방식 선호도

일상적인 대화 시 선호하는 매체는?

X 세대	61.0% 전화 통화	문자, 메시지 39.0%
Y 세대	36.0% 전화 통화	문자, 메시지 64.0%
Z 세대	33.0% 전화 통화	문자, 메시지 67.0%

[출처:대학내일20대연구소]

으려고 조용히 몸부림치는 세대이다. 베이비붐 세대는 산업화의 주역, 86세대는 민주화의 주역, MZ세대는 모바일 주역으로서의 자기 정체성이 분명하지만 X세대의 정체성은 모호하다. 민주화 후반기와 정보화 시대 초창기에 양다리를 걸친 세대이며 집단주의와 개인주의 성향이 혼재된 세대이고 온갖 궂은일을 다하면서 자신의 권리를 당당하게 부르짖지도 못한다. 기존 세대의 가치관을 적극적으로 부정하지만, 86세대로부터 물려받은 군대 문화와 술자리 문화의 악습을 조용히 따르며 이전 세대의 집단주의, 권위주의 잔재를 후배들에게 강요하기도 한다.

🗨 꼰대 세대

86세대가 꼰대의 중추적인 역할을 한다면 97세대는 꼰대가 아닌 척하지만 꼰대가 되어가는 길목에 서 있다. 86세대에 대한 비판을 늘어놓으면서 이들의 문화를 닮아간다. 꼰대라는 말은 오래전부터 비속어로 사용했지만, 어느 순간 중요한 사회적 키워드가 되었다. 집단주의적 성향을 지닌 기성세대는 거의 모든 분야에 영향력을 미치고 있다. 시대가 변하고 개인주의적인 젊은 세대와 갈등이 빚어지면서 더욱 불거져 나온 키워드이다. 꼰대로 통칭되는 사람들의 특징은 성취의 기회를 내주지 않으면서 MZ세대에게 '아프니까 청춘이다. 노력해!'라고 일장 훈계를 하며 젊은 세대의 의지박약, 노력의 부족함을 탓한다. 시대상의 변화를 전혀 파악하지 못하고 자신들의 젊었던 시절 가능한 경험이나 조언을 젊은 세대에게 적용한다. 그러나 정작 꼰대들은 자신이 꼰대인지 모른다. 꼰대에도 종류가 있다.

꼰대 유형 진단

유형	행동 특징	해당 여부
독재형	1. 직원에게 "야! 누구야!" 등 주로 반말로 이야기 하는 것이 익숙하다.	
	2. "일단 묻지 말고 그냥 해 봐!" 라고 일을 시킨다	
	3. 내 의견과 반대되는 의견을 들을 때, 안 좋은 감정이 올라와 참을 수 없다.	
	4. 직원이 나에게 인사하지 않으면 불쾌하다.	
라떼형	5. 직원에게 어려웠던 경험, 성공한 경험 등 자신의 과거 이야기를 자주 한다.	
	6. "내가 너만 했을 때~" 라는 말을 자주한다.	
	7. 한때 내가 잘 나가던 사람이었다는 것을 알려주고 싶다.	
	8. 자신의 인맥 이야기를 자주한다.	
조언형	9. 요즘 젊은 사람들은 노력을 별로 하지 않고 회사 탓, 세상 탓 불평불만이 많은 것 같다.	
	10. 직원들의 연애상담, 결혼, 자녀교육 등 인생 선배로서 조언해 줄 수 있다.	
	11. 낯선 방식으로 일하는 후배들을 제대로 가르쳐 주고 싶다.	
	12. 옷차림, 인사 예절도 근무에 연관된 것으로 지적할 수 있다.	

답정녀 형	13. 부하직원이 알고 있는 내용을 길게 설명하면 중간에 말을 끊고 보고를 빨리 끝낸 적이 있다.	
	14. 일일이 업무를 지시하고 확인해야 안심이 된다.	
	15. 자유롭게 의견을 내놓으라고 하지만, 별로 마음에 드는 의견이 없어서 결국 내가 답을 제시하는 경우 많다.	
	16. 어떤 문제가 생겼을 때 다른 사람의 의견을 듣는 것보다 혼자 스스로 해결하는 것이 더 효과적이다.	
반전형	17. 내 불만을 남의 불만처럼 포장해서 전달한다	
	18. 힘든 것 없어? 일은 재미있어? 같은 질문을 자주 한다	
	19. 편하게 말하라고 했지만, 막상 내 의견에 반대하면 괘씸해 진다	
	20. 나 정도면 합리적인 상사라고 생각한다.	

조직을 살리는 리더1 - 꼰대

(기성세대)

내가 다 해봐서 아는데 !

VS

또…라떼인가?

(구성원)

리더란 과연 무엇일까?

리더는 혼란에서 단순함을,

불화에서 조화를

어려움에서 기회를 찾아내는 사람이다.

-아인슈타인

꼰대형 리더

회의를 시작하면 일방적인 훈계로 시작해서 마무리하는 리더들이 있다. 구성원의 의견을 경청했으면 좋겠다는 피드백을 전달해도 이해하지 못한다. 심지어 구성원에게 '내 시간을 쪼개 내 소중한 노하우'를 전달해주는데 고마움을 모른다고 화를 내기도 한다. 구성원들의 마음은 당연히 리더의 마음과 다르다. 리더는 경험상 정답을 제시하지만, 구성원에게 무조건 그대로 따르라고 하면 앞뒤가 꽉 막힌 꼰대형 리더가 될 뿐이다.

수직적이고 관료적인 조직문화에서 적당한 위치에 올라가게 되면 자신만의 권력과 힘을 과시하고 싶어 한다. 또한 체면을 중시하는 주류층 대접을 받고 싶어 한다. 자신의 말과 행동이 다른 사람에게 어떻게 보일지 어떤 상처를 줄지 관심이 없이 비난과 개인적 모욕을 하면서 자신은 훌륭한 피드백을 주는 것으로 생각하는 경우가 있다. 리더로서 구성원과 멀어지는 명백한 실수를 하는 것이다. 하지만 더 큰 실수는 자신이 어떤 실수를 하는지 모르고, 알았더라도 인정하지 않는 것이다.

💬 [기성세대가 리더로] 함께 일하려면

실수로부터 익혀라

사람들은 본능적으로 실패나 결핍을 숨기거나 축소하려고 하고, 자기 합리화하려고 할 뿐만 아니라 자신의 약점과 실수를 부인하려고 한다. 자신의 실패와 결핍을 드러내는 행위는 스스로 약하고 무가치한 존재로 느끼게 만들고 이에 대한 두려움은 문제에 대응하는 사람들의 관점을 제한하게 한다. 이러한 이유로 조직은 구성원이 실수하거나, 약점을 드러내더라도 불이익을 주지 않아야 심리적 안정감을 가지고 일할 수 있다. 하지만 꼰대형 리더는 자신의 실수와 실패는 숨기면서 구성원은 다그친다. 실패를 학습의 기회로 적극적으로 활용하는 분위기를 만들어 주어야 하는 것이 제대로 된 리더의 역할이다.

리더십 권위자인 에이미 에드먼슨 하버드 MBA 스쿨 교수는 하버드 의대의 대학병원에 딸린 8개 병동을 대상으로 일련의 연구를 수행했다. 이 병동들은 인력구성, 전문성, 업무량 측면에서 모두 비슷하지만, 최고라고 인정받는 병동일수록 투약 실수가 더 많이 발견됐다. 또한, 의사나 수간호사 등 관리자의 능력과 리더십이 긍정적으로 평가될수록 투약 실수가 더 잦았다. 이러한 결과를 분석해보니 실력이 떨어지고 병동 분위기가 나빠서 투약을 잘못하는 것이 아니라 실수를 적극적으로 드러내고 그것을 통해 학습하려는 의료진들의 자발적인 노력과 문화 때문이었다. 반면 투약 실수가 적은 병동은 실수를 보고하거나 의사의 처방에 반론을 제기하면 상급자로부터 질타나 징계를 받을 두려움 때문에 되도록 실수를 감추려는 동기가 크게 작용하였다. 시끄러울 정도로 실수를 드러내고 반대 의견을 개진하는 조직이 조용한 조직보다 성과가 높고 오래가는 이유다. 실수는 환경에 적응해 나가는 진화의 메커니즘 중 하나이다.

실수와 실패가 성공으로 이어지기 위해서는 리더의 역할이 하나 더 필요하다. 제대로 된 피드백과 타산지석의 학습 태도이다. 실패하더라도 이를 통해 학습하고 성찰하는 과정을 거치지 않으면 실패에 빠질 확률이 높다. 실패를 냉정하게 자신의 피드백으로 가져가는 사람만이 성공할 가능성이 크다. 리더가 후배에게 자신의 성공비결을 열심히 자랑해도 후배들은 존경이나 부러움을 느끼지 못하고 실질적인 도움이 안 된다. 차라리 자신의 실패 경험을 말해주는 것이 더 효과적이다.

방 안에 코끼리 형 리더

방 안에 코끼리가 있으면 어떨까? 당연히 코끼리의 몸집이 커서 방 안에 있는 것이 불편하다. 물건을 놓을 자리도 없고, 사람이 쉴 자리도 없어진다. 그런데 그 코끼리를 방에서 어떻게 내보내야 할지 모르겠으니 아무도 그 이야기를 하지 않는 것이다. 다른 짐들을 어떻게 줄여서 좀 더 공간을 효율적으로 쓸지, 다이어트를 할지 등의 이야기만 한다. 리더의 존재가 방 안에 코끼리 같은 때도 있다. 너무 꼼꼼해서 하나부터 열까지 자신의 손을 거쳐야 하고 그 과정에서 일일이 잔소리를 하는 리더 유형이 방 안에 있는 코끼리다. 코끼리 때문에 이미 팀의 여럿이 퇴사했는데, 어떻게 하면 좋은 인재를 채용할 수 있을지 논의한다. 코끼리만 방 밖으로 나가면 되는데 말이다.

방 안에 코끼리 리더의 문제점

리더를 방 안에 코끼리로 비유한 것은 그만큼 조직에 끼치는 영향이 크기 때문이다. 그러다 보니 구성원들은 코끼리를 언급하지 않는 것이 조직의 암묵적인 규칙이 된다. 문제에 대해 말하면 불만만 제기하는 사람으로 오해를 받거나 리더의 권위에 도전하는 사람으로 취급당하기도 한다. 영향력이 큰 리더들의 특징 중 하나는 스스로 꼼꼼하다고 여기는 것이다. 하나부터 열까지 모든 의사결정에 참여한다. 믿고 맡기는 법이 없다. 권한을 절대 넘겨주지 않는다. '리더인 내가 없으면 이 조직이 제대로 돌아가지 않아' 라는 말을 자랑처럼 하고 다닌다. MZ세대들이 조직을 떠나는 가장 큰 이유이다. 리더들은 관리하는 일이 많을수록 관련 업무를 세세하게 파악하기 어렵다. 실무자보다 자세하게 모르는 것이 많을 수밖에 없다. 하지만 구성원에게 무시당하는 것이 두려워 모른다는 사실을 밝히기 어려워한다. 이런 경향은 마감이나 의사결정을 빨리 내려야 하는 압박과 두려움에 시달릴 때, 과도한 업무 책임으로 인한 피로감, 스트레스 등이 생길 때 더욱 심하게 나타난다.

리더들은 실무 지식을 잘 모르지만, 회사 정보를 잘 알고 있다. 이것을 권력으로 사용하는 리더들도 있다. 정보를 통해 자신이 특별한 사람인 것을 보이려는 것이다. 이러한 태도는 직원들의 자발성과 책임감을 저하하고, 생산성을 감소시킨다. 실무자는 감시자가 된 리더의 눈에 벗어나지 않기 위해 행동하고, 스스로 결정한 것이 없으니 그 어떤 것도 내 책임이 아니라고 생각한다.

🗨 [기성세대가 리더로] 함께 일하려면 권한을 위임할 줄 알아야 한다

리더들은 업무를 직접 통제하는 것이 아니라 실무자들이 전문가로서 업무를 효과적으로 할 수 있도록 조언하고 성장할 수 있게 지원해야 한다. 믿고 맡기는 〈권한 위임〉이 자연스럽게 이루어져야 한다. 권한을 위임받은 구성원들은 자율적으로 자신의 업무 일정을 지켜서 품질 높은 아웃풋을 만들어야 한다는 의식을 저절로 갖는다.

구성원에게 믿고 맡기는 것이 답답하고 불안할 수 있고 중간 과정에 실수가 있을 수도 있다. 특히 경험이 부족한 직원에게 권한 위임과 의사결정을 준다는 것은 위험한 일이다. 하지만 해야 하는 일이다. 리더들이 그토록 바라는 '직원들의 주인 의식'이 진짜 권한과 결정권을 가질 때 생기는 것이기 때문이다. 혹시 모를 리스크는 정보공유로 대처할 수 있다. 정보를 투명하게 공유함으로써 직원들은 합리적인 의사결정을 내릴 수 있다. 간편 송금 서비스 토스를 6년 만에 종합 금융 플랫폼으로 만든 비바리퍼블리카 CEO는 직원들과의 정보 공유에 대해서 이런 말을 했다.

"사람들이 주인의식을 갖지 못하고 일하는 이유는 회사 전체의 목표를 달성하는데 자신의 의사 결정과 방향성이 어떻게 도움이 되는지 모르기 때문입니다. 최고 수준의 자율성은 최고 수준의 정보공유에서 나온다고 생각해요."

    리더는 모든 것을 다 알아야 한다는 불안감을 버려야 한다. 그러한 불안감이 조직을 더욱 경직되게 만들어 구성원의 능력을 위축시킨다. 리더의 능력은 구성원이 능력을 발휘할 수 있는 환경을 만들어 주는 것에 있다. 리더가 구성원을 신뢰하고, 일을 맡길 줄 안다면 조직 경직성을 크게 줄일 수 있다.

조직을 살리는 리더2 - 멘토

(기성세대)

우리는 정말 변해야 할까?

VS

꼰대만 아니면 따르고 괜찮을 수도 있는데…

(구성원)

괜찮은 멘토, 선배가 되는 비법은?

멘토는 내 안에 잠재된 희망을 볼 수 있도록

이끌어주는 사람이다.

-오프라 윈프리

억울한 변화의 대상 '꼰대'

회사 차원에서도 현업의 꼰대들을 변화시켜야 하는 대상으로 말하지만 꼰대 입장에서는 억울한 상황이 많다. 예전 선배들이 하던 대로 혹은 그에 비해 별것도 아닌 행동에도 투서가 올라오거나 블로그에서 이슈가 된다. 나름대로 애를 쓰는데도 젊은 직원들은 꼰대 때문에 회사를 떠난다고 한다. 꼰대들도 자신을 공격하거나 자신과 비슷한 처지에 있는 사람들에 대한 비난 글을 보면 기분이 나빠지지만, '어떻게 변해야 할지'에 대한 노하우가 없다. 심지어 자신의 말과 행동이 비판의 대상이 될까봐 자신만의 논리를 증명하기 위해 예전 방식을 강화하면서 더욱더 고집스러운 꼰대 모습을 보이는 경우도 있다

많은 리더는 부하직원과 관계를 맺는데 어려움을 호소한다. 군대식 기업문화가 익숙한 기성세대와 민주적 기업문화를 기대하는 젊은 세대 사이의 가치관의 차이가 존재한다. 근무 효율성보다는 회사에 머무르는 시간을 늘리는 데 초점을 둔 기성세대의 회사 생활은 공사

구분이 사라지고 사생활 개념도 모호하였다. 이 관성이 새로운 문화를 만나면서 마찰을 빚기 시작하는 것이다. 리더들에게 자신을 꼰대라고 생각하느냐 질문을 하면 예라고 대답한 사람은 10명 2명이 안 된다. 꼰대 취급받지 않으려고 어떤 노력을 기울이느냐의 질문에는 45%가 '될수록 말수를 줄이고, 상대방 이야기를 경청하려 한다.'라는 응답을 했다. 또한, 반말, 화내기 등 권위주의적 언행을 삼가고 조언을 할 때, 감정은 최소화하고 실무 위주 조언만 하려 한다고 대답했다. 나름대로 노력을 하고 있지만, 기성세대가 살아온 때와 지금은 너무도 다르다. 변화의 대상이지만 변화가 어려운 기성세대이다.

💬 [기성세대가 리더로] 함께 일하려면 메타 인지를 개발하라!

나이가 들면서 고집스럽게 자신의 의견을 관철하고 남에게도 강요하는 이유 중 하나는 아는 것을 편안하게 느끼고 변화를 싫어하는 '뇌'에 있다.

인지 과학 이론에 따르면 사람에게는 직관적 사고와 성찰적 사고가 존재한다. 직관적 사고는 인상과 연상, 느낌, 행동, 준비로 자연스럽게 연결되는 사고이다. 흔히 우리가 자전거를 탈 때 의식하지 않아도 자연스럽게 장애물을 피해가면 직관적 사고를 하는 것이다. 성찰적 사고는 천천히 주의 깊게 의도한 상태에서 이루어진다. 새로운 것을 배운다거나, 새로운 장소를 찾을 때 우리는 생각한다. 평상시에는 주로 직관적 사고를 하지만 중요한 일을 처리할 때나 명백한 오류를 발견했을 때 성찰적 사고가 본격적으로 작동한다. 따라서 자신이 꼰대라는 사실을 알기 위해서는 성찰적 사고를 개발해야 한다. 다시 말해 〈메타인지〉 능력을 개발해야 한다 〈메타인지〉는 1970년 발달심리학자 존 플라벨이 제시한 개념이다. 자기 생각이나 감정 등의 인지적 활동을 자기 자신으로부터 한 발자국 떨어져서 성찰해 보는 것이다. 자신의 인지 활동을 관찰하고 스스로 자신의 인지 활동을 능동적으로 조절하는 자기조절 능력이다. 〈메타인지〉를 개발하기 위해서는 일단 내가 모를 수 있다는 것을 인정하고 어떤 부분을 정확히 모르고 있는지를 성찰해야 하고 모르는 부분을 개선하기 위한 계획을 세워야 한다.

🗨 메타인지 개발법

① 모름을 인정한다.

자신도 모르고 하던 행동, 관습, 습관들에 대해 성찰하는 사고할 시간이 필요하다. 현재 이런 행동을 하는 이유는 무엇이고 이러한 행동으로 인한 결과를 고민해 보는 시간을 가져야 한다. 그리고 '나는 모른다.' 라는 말을 후배, 부하 직원 앞에서 기꺼이 할 수 있어야 한다. 모름을 인정한다는 것은 메타인지를 개발하기 위한 첫 번째 단계이다.

메타 인지가 발달한 사람은 내면 관찰 능력이 발달된 사람이다. 내면 관찰 능력이란 마음의 힘이다. 스스로 내면을 매우 세밀하고 명료하게 관찰해 자신의 마음을 읽는 능력이다. 제 생각과 판단에 대한 객관적 태도를 보이는 마음의 힘이 메타 인지의 본질이다.

② 판단의 속도를 늦춘다

메타인지 능력을 개발하기 위해서는 판단의 속도를 늦춰야 한다. 꼰대가 된 기성세대들이 흔히 하는 실수 중 하나는 스스로 합리적 판단을 한다고 생각하는 것이다. 사실은 직관적 사고에 의존해서 판단을 내리는 경우가 많다. 속도를 늦춰 성찰하는 사고가 작동할 시간을 주어야 한다.

구성원이 제안 내용이나 보고서를 평가할 때, 아이디어를 평가할 때 판단의 속도를 늦추고 과거 경험이나 단편적으로 아는 정보만으로 판단을 내리는지 고민해야 한다. 일부러 반대 의견에 귀를 기울이고, 최근 변화 동향을 살펴보는 과정을 통해 〈메타 인지〉 능력을 높일 수 있다.

③ 다른 사람의 의견을 경청한다

권력은 뇌의 화학적 작용을 바꾼다. 뇌에 도파민 수치가 높아지면서 위선적이고 독선적인 성격으로 변하면 판단력이 흐려진다. 권력을 가진 리더 중에 공격적이고, 독단적인 사람이 많은 이유이다. 자신만 옳다 여기게 되는 나르시시즘(Narcissism)에 빠지게 되는데, 당연히 자신을 객관적으로 볼 수 있는 메타인지 능력을 잃게 된다. 나르시시즘의 기저에는 늘 불안과 긴장이 있다. 타인에 대한 의존 두려움, 내면적 공허함, 억압된 분노, 충족되지 않는 갈등, 신경질적 특성을 보인다.

아무리 겸손하고 배려 있는 사람이라도 리더라는 권력을 갖게 되면 나르시시즘에 빠질 위험이 높다. 따라서 이런 나르시시즘에 빠지는 것을 경계하기 위해 다른 사람의 피드백을 받는 것이다. 다른 사람의 피드백을 받기 전에 내가 아는 것이 전부가 아니다라는 것을 인식하고 습관된 자기의 행동이나 사고들에 대해 고민해 보는 시간이 필요하다.

주위 사람들에게 얼마나 진정성 있는 리더로 보이는지 확인하는 방법 중 하나로 〈다면 평가〉가 있다. 하지만 평가를 반기는 리더는 거의 없다. 다면평가를 받은 리더들이 가지는 첫 번째 감정은 서운함과 분노이다.

따라서 부정적인 감정을 최소화하기 위해 결과에 대한 객관적 이해와 개방적 수용이 중요하다. 평가 결과에 대해 충분히 생각해 보기 전에 지나치게 성급한 반응을 피해야 한다. 일단 시간을 들여 자신에 대한 평가를 살펴 보면서 그 피드백에 담긴 진실성을 생각해 봐야 한다. 이때 동료, 관리자, 부하직원에게 추가 의견을 구하는 것도 도움이 된다.

어떻게 자신이 변화해 나갈 것인지를 고민해 봐야 한다. 지속해서 나타나는 문제는 무엇인가? 해당 문제가 진실성, 확실성, 정직성 등 치명적인 리더의 결함인가? 자신의 이상적으로 생각하는 가치관과 일치하는가? 등을 자문하면서 후배들에게 자신의 변화 행동에 대해 구체적인 피드백을 요청한다. 공식적인 다면 평가가 부담스러우면 일상적인 상황에서 편하게 물어보는 것도 좋다. 구체적인 행동에 대한 피드백을 진정성 있게 유머를 더해 일관되게 구하고 이를 개선하기 위해 실천을 자연스럽게 시작한다.

💬 변화를 위한 행동 계획

① 실천으로 옮길 수 있는 행동 찾기

변화를 위한 계획을 세울 때 장점에 초점을 맞춰야 한다. 엄청난 노력을 쏟아붓더라도 약점 부분을 뛰어난 강점으로 변모시키기는 어렵다. '내가 할 수 있는 가장 작은 행동 중 가장 커다란 변화를 만들어 낼 수 있는 것은 무엇인가?'를 고민하고 부하직원에게도 배울 수 있다는 자세와 자신이 상대방의 모든 것을 알지 못한다는 것을 인정하는 것부터 시작하면 된다. 부하직원에게 피드백을 구하면 몇 가지 좋은 점이 있다. 우선 리더에 대한 방어적인 태도를 어느 정도 해소할 수 있다. 또한 상사에게 무엇인가 줄 수 있는 능력을 가졌다는 사실에 자신감을 얻고, 좀 더 끈끈한 신뢰 관계를 쌓을 수 있다. 부하직원에게서 피드백을 받는 것으로 끝나는 것이 아니라 행동으로 이어지면 부하직원 입장에서는 심리적 안정감까지 얻을 수 있다.

② 리버스 멘토링

전혀 다른 배경이나 경험을 가진 사람들, 다른 분야의 사람들을 적극적으로 만나는 것도 인지적 폐쇄나 경직성을 줄여 뇌를 유연하게 만드는 데 도움이 된다. 인지적 경직성을 극복하면서 뇌가 유연해지는 방식으로 뇌를 훈련할 필요가 있다. 예전 경험과 비슷한 정보는 뇌에 큰 자극이 되지 못한다. 완전히 새로운 정보를 뇌에 제공할 때 뇌는 정보를 처리하기 위해 새로운 시냅스를 형성한다. 뇌의 유연성을 높이기 위해서는 전혀 경험하지 못한 젊은 사람들과 대화하고 그들을 통한 학습이 자극되면 뇌의 유연성을 높일 수 있다. MZ세대의 이야기를 귀담아 듣기 위해서는 직장 내 리버스 멘토링 제도를 활용할 수도 있다. 젊은 세대와의 토론을 반복하고 그들의 입장에서 이해하고 창의적인 아이디어를 위해 뇌를 자극하면서 사고와 행동의 경직성을 줄여나갈 수 있다.

③ 강력하게 도전받을수록 가장 많이 배울 기회

다른 사람의 객관적 피드백을 통해 메타인지를 개발하는 과정은 기존의 인지적 안전지대에서 벗어나게 되어 스트레스를 많이 받을 수 있다. 그와 동시에 자신의 정체성을 보호하려는 강한 충동을 일으킨다. 제대로 성과를 이루지 못했거나, 기대만큼 능력을 발휘하지 못했을 때, 장애를 뛰어 넘지 못하고 자신감이 떨어질 때는 익숙한 행동과 방식으로 되돌아간다. 기존 방식을 수정하는 작업은 철저한 자기 성찰적인 노력과 학습이 필요한 작업이다. 이렇게 강력하게 도전받는 순간 리더십을 가장 많이 배울 수 있는 시간이다.

💬 [기성세대가 리더로] 함께 일하려면
리더의 조건, 진정성

회식이나 간담회 대신 코칭 면담, 피드백 세션을 의도적으로 도입하는 조직이 많아지고 있다. 하지만 평소 소통이 없던 팀원들과 마주 앉아 이야기를 시작하면 얼마 안 돼 정적이 흐르는 어색한 분위기만 만들어진다.

구성원들은 솔직한 피드백을 수시로 전달하고 이를 통해 자신들을 성장시킬 수 있는 소통형 리더를 원한다. 리더로서 실수했다면 은근슬쩍 넘어가는 것이 아니라 솔직히 인정하고 타당한 이유를 설명해 주는 진정성이 있길 바란다. 직원들이 리더에게 진정성을 느끼려면, 심리적으로 안정적인 환경이 만들어져야 한다. 두려움과 허탈감을 느끼지 않고 자기 의견을 개진할 수 있는 수평적인 조직 분위기가 필요하다. 하지만 수평적 조직은 아직 갈 길이 멀다. 직장 내 소통 장애 1순위는 사장과 임원이고, 소통해도 달라질 것이 없어서 입을 다물게 된다는 것이다.

직원들은 안전한 환경이라고 인식하기 전까지는 자신의 속내를 쉽게 드러내지 않는다. 그러나 안전한 공간이라고 생각하면 거침없이 자신의 속내를 드러내는 다른 모습을 보인다. 특히 지금의 비즈니스 환경은 30% 이상의 직원이 MZ세대이다. 어떻게 협업하느냐에 따라 기업의 운명이 뒤바뀔 수 있다. 기성세대의 기존 소통 방식이 변해야 하는 이유이다. 한다. 이제는 MZ세대뿐만 아니라 다른 구성원들 역시 신나게 몰입할 수 있는 환경을 조성하기 위해 진정성을 가지고 리더가 직접 다가가야 한다.

💬 멘토로서 조언하기

꼰대들의 잔소리는 자신과 회사의 입장에서 이야기한다. 이건 잘못된 것 같아(독불장군형), 나 때는 말이야(라떼형), 나라면 이렇게 할 텐데(답정너), 나는 좋은데 이렇게 하면 윗분이 싫어할 것 같은데(반전형) 등의 조언을 한다. 젊은 세대로서는 강제적으로 들어야 하고 시키는 대로

주로 소통 장애를 겪는 대상은?

대상	응답 비율(%)
사장님/회사임원	39.6
상사	36.9
고객	30.4
동료	23.9
회사 외부 조직	15.9

[출처: 잡코리아 & 알바몬, 직장인& 알바생 대상 설문조사 결과, 2017]

해야 하니 꼰대의 잔소리다. 잔소리는 내가 원하는 행동을 상대방에게 강요하는 것이다.

반면 조언은 여러 가지 선택안을 주고 무엇을 선택할 것인지는 상대의 권한이다. 조언은 상대방의 도움을 주는 활동이다. 어려운 상황에 놓여 있고, 문제를 해결하지 못하고, 부족함을 느낄 때 돕는 것이 것이 조언이다. 코칭의 핵심은 내가 옳다고 생각하는 걸 상대방에게 이야기하지 않는 것이다. 상대가 스스로 사고를 확장 시켜 자기만의 답을 찾을 수 있도록 도와주는 것이다.

직원발언권 잘 지켜지고 있을까?

질문	응답(%)	
	그렇다	그렇지 않다
나는 업무/회사와 관련해 건의 및 제안을 하는 편이다.	54	46
다른 직원들이 동의하지 않더라도 나는 업무와 관련해 내 의견을 표현한다.	55	45
나는 회사에서 내 의견을 제안하고 다른 팀원들도 참여하도록 설득한다.	45	55

[출처: 블라인드. 직장인 대상 기업문화소통 설문조사결과, 2018]

기성세대 대부분은 자신을 코칭 해주는 상사와 일해 본 적이 거의 없다. 보지 못하고 경험하지 못한 것을 하려니 무척이나 어렵다. 기존 기성세대들은 모호하고 두리뭉실하게 지시하고 거시적으로 피드백을 했다. 하지만 이젠 멘토로서 자세하고 자연스럽게 조언을 해야 한다. 무척 막연하고 어색한 일일 것이다.

미국 코칭 전문기업 CCL은 모든 사람이 코칭에 필요한 대화 스킬을 제대로 자연스럽게 구사할 수 있는데 최소 3년 이상이 필요하다고 하였다. 따라서 힘들고 어렵다고 해도 성찰에 기반한 경험이 쌓이다 보면 멘토로서 인정받을 수 있다.

🗨 멘토의 코칭 기술

1. 질문으로 시작하기

코칭은 상대방의 관점에서 청유형 또는 질문형으로 이야기하는 것이 좋다. 코칭 시간은 구성원 개개인의 특성, 경험, 일에 관한 생각, 미래에 대한 기대 등 정보를 파악하는 시간이어야 한다. 리더들은 구성원들의 몇 마디에 자기 생각을 이야기하는 경향이 있는데 특히 경험이 많은 리더일수록 본인의 경험담, 기대와 당부를 늘어놓는 오류를 범한다. 구성원에게 하는 질문은 우선 조직 생활에서 평소 갖는 공통 관심사에 관해 그들의 생각을 듣기 위한 질문이 되어야 한다. 이들의 공통 관심 사항과 이슈에 대한 해결책을 만들기 위한 정보 수집이 우선이다. 조직 생활에서 평소 가장 관심이 있는 것, 담당 과제, 평가 팀워크 등 조직 생활에 필요한 관심 사항, 연중 시기에 따라 이들의 관심 사항은 달라진다. 평가, 성과, 복지 후생 등은 사내 이슈 될 때가 아니면 개인의 핵심 관심 사항이 아니다.

2. 배운다는 태도 취하기

구성원과의 효과적인 코칭은 일방적으로 이해하는 것만이 답이 아니다. 세대별로 서로 이해하고 이것을 공유하는 것이 필요하다. 꼰대 성향의 리더들은 자신이 코칭을 이끌어야 한다고 생각한다. 자신의 생각이나 경험이 진리이며, 답을 줘야 한다는 강박에서 벗어나야 한다. 구성원이 더 좋은 답을 찾을 수 있다. 좋은 아이디어를 낼 수 있도록 분위기를 만들고 그들로부터 배울 수 있다는 태도를 가져야 한다.

리더의 성과는 성공적인 의사결정이다. 좋은 의사결정은 충분한 정보와 지식에서 오지만 자신의 한정된 정보에서 의사결정할 때도 있다. '꼰대형 리더'라도 경험에서 오는 판단력의 지혜를 가지고 있다. 구성원에게 받은 정보와 지식을 바탕으로 의사 판단하기까지 생각보다 시간이 오래 걸리지 않는다. 따라서 많은 정보와 지식을 젊은 세대로부터 구해야 한다. 문제는 이런 정보를 구성원이 선뜻 내놓지 않는다는 것이다. 특히 보기 싫은 '꼰대형 리더'에게 자신이 가지고 있는 정보를 제공하지 않는다. 리더가 진정성 있게 직원들에게 성장의 기회와 학습을 제공해야 한다. 구성원에게 받는 정보와 지식에 대한 대가를 주어야 한다. 거래를 잘하는 리더가 실력 있는 리더이다.

🗨️ [기성세대가 리더로] 와 함께 일하려면
장점 중심으로 피드백해라

구성원에게 긍정적 피드백과 인정을 하는 것이 중요하다고 생각하지만 익숙하지 않은 리더들이 많다. 심지어 잘못을 다그치고 지적하는 부정적인 피드백을 무기삼아 자신의 권위를 과시하기도 한다. 부정적 피드백은 오히려 학습효과를 저해한다는 연구 결과들 있다.

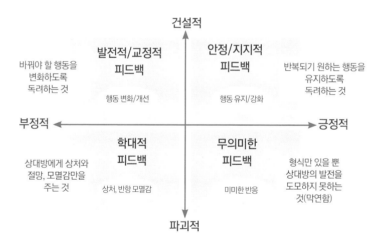

[출처: 헤이 컴퍼스 블로그]

한 실험에서 연구팀은 학생을 두 그룹으로 나누고 한 그룹에는 긍정적인 코치를 통해 학생들에게 꿈에 대해 묻고, 꿈을 이루기 위해 무엇을 해야 할지를 알려줬다. 다른 그룹은 숙제를 잘하고 있는지를 확인하고 학생들이 무엇이 잘못하고 있고 고쳐야 하는지를 물었다. 그럼 다음 공명 영상 기계로 학생의 뇌를 스캔해 뇌의 어느 부분이 가장 활발하게 반응했는지를 관찰하였다. 꿈에 초점을 맞춰 피드백을 받은 첫 번째 그룹의 학생들은 휴식과 소화 체계라고 불리는 부교감신경계가 작동하였다. 부교감신경계는 새로운 뉴런의 성장과 성체신경발생(Adult neurogenesis)을 자극해 마음을 편하게 하고 면역체계를 강화한다. 또한 인지-감정-지각적 개방성을 높인다. 반면, 두 번째 그룹은 무엇을 고쳐야 하는지에 관한 질문을 받은 학생들의 뇌는 투쟁-도피 반응의 교감신경계가 작동하였는데 이러한 활동은 뇌의 다른 부분을 차단하고, 생존 정보에 집중하도록 한다. 뇌는 비판적 피드백을 위협으로 간주하고 다른 활동량을 줄인다. 비판으로 생긴 부정적인 감정이 기존 신경회로 접근을 방해하고 인지적, 감정적, 지각적 손상을 일으킨다는 것이다.

뇌과학적 관점에서 사람들은 뛰어난 능력을 갖춘 분야에서 더 빠르게 성장한다고 한다. 선천적으로 타고난 재능과 어린 시절 환경에 따라서 사람마다 다르게 작동한다. 개인마다 갖춘 능력이 다른 이유이다. 리더의 피드백도 마찬가지로 부하직원 각자의 장점에 관심을 두고 긍정적 피드백을 해 준다면 학습이 촉진되지만, 단점에 대한 피드백은 오히려 학습 효과를 떨어뜨린다.

💬 부정적인 피드백 잘하기

잘한 일에 대한 피드백만큼 중요한 것은 실패에 대한 피드백이다. 힘들지만 사람은 성공했을 때보다는 실패했을 때 더 많은 것을 배울 수 있다. 이러한 과정에서 실패에 대한 효과적인 피드백을 주는 방법이 중요하다. 리더는 구성원에게 피드백을 위협으로 받아들이지 않게 심리적으로 안정된 환경을 구축해주는 것이 중요하다. 승진 경쟁, 재무 성과, 사람 사이의 벽 등 많은 조직에서는 이런 환경을 만들지 못하기 때문에 부정적 피드백이 효과적이지 못한 것이다. 리더로부터의 부정적 피드백을 통해 많은 것을 배우기 위해서 얼마나 자신이 중요한 존재인지를 평소에 인정해줘야 하며 이를 통해 구성원 개개인들이 자기 확신이 생길 때 부정적인 피드백이 자기 성장을 위해 필요한 것이라고 받아들인다.

① 개인화하지 않기

부정적 피드백을 잘하기 위해서는 리더가 먼저 겸손한 태도를 보여야 한다. 지적을 받을 때 사람들은 자연스럽게 방어적인 태도를 보인다. 심리적으로 안정된 상태에서 리더가 겸손한 태도로 진심을 다해 조언을 할 때 상대는 본능적인 방어벽을 허물어 버린다. 그렇지 않을 때 피드백이 사실이든 아니든 사람들은 상대의 조언을 간섭이나 거짓으로 받아 들 수 있다. 사람들은 종종 자신의 주관적인 경험을 판단으로 지적하는 경우가 종종 있다. 개인의 주관적인 경험이 실은 객관적인 사실과 다르다는 것을 인정할 때 우리는 비로소 개방적인 태도로 겸손해질 수 있다. 그러기 때문에 상대방을 지적하거나 부정적인 피드백이 필요할 때도 정확한 사실 관계를 확인할 필요가 있다. 칭찬은 공식으로 해야 하며, 부정적 피드백을 개인화해서는 안 된다. 고치기 어려운 개인적 성격 때문에 문제가 발생한 것이 아니라는 것을 분명히 해야 한다.

② 부정적 피드백 전에 긍정적 피드백 먼저

넷플릭스는 직원들을 프로정신을 가진 어른으로 대하고 그들에게 무한한 자유와 그에 따른 책임을 지게 하는 문화로 유명하다. 넷플릭스는 구성원을 성숙한 어른으로 대하고 극도로 솔직해지라고 한다.

"난 넷플릭스에서 성숙하게 변하는 사람들을 수없이 많이 봤다. 그들은 부정적인 피드백을 받으면 충격에서 빠르게 벗어나 피드백을 사려 깊게 되짚어 보고 자신을 갈고 닦는다. 때때로 상사는 직원을 감싸야 한다는 과도한 압박에 부정적 피드백을 피하는데 직원이 긍정적으로 바뀔 기회를 빼앗는 것이다. 또한 다른 직원에게 불공정한 일이다."

외국 회사에서는 서로의 발전을 위해 솔직한 피드백을 주고받고 당사자에게 직접 이야기하라고 하지만 이런 솔직함이 '관계'를 중시하는 우리나라의 조직문화에서 현실적으로 적용하기는 좀 어려운 부분이 있다. 어떻게 부정적인 피드백이 효과가 있도록 전달할 수 있을까? 가장 중요한 것은 리더가 피드백을 전달할 때 긍정적인 메시지가 부정적인 메시지를 능가하도록 해야 한다.

딜로이트 연구 결과에 의하면 긍정적 피드백과 부정적 피드백의 황금 비율은 6대1였을 때 가장 높은 실적을 달성했다. 이러한 비율은 부부 사이의 긍정적/부정적 상호작용의 비율과 이혼확률 간의 상관관계를 평가한 연구의 값과 거의 동일했다. 부정적 피드백을 제공하기 전에 4~6개의 긍정적인 피드백이 제공하는 것이 중요하다. 피드백할 때 비판적이고 관계없는 사안까지 확대하려는 경향은 억제해야 한다. 피드백을 받는 사람이 통제할 수 있는 구체적이고 관찰 가능한 행동에 초점을 주고 대화를 열정과 선의의 감정으로 리더가 접근할 때 구성원들은 열린 상태로 부정적 피드백을 받아들일 준비를 하게 된다.

③ 피드백 받은 사람이 스스로 깨닫게

부정적 피드백을 할 때 또 한 가지 방법은 자신의 관점에서 직원들의 잘못된 행동을 지적하는 것이 아니라 피드백 받은 사람이 행동해서 얻은 결과를 스스로 깨닫게 하고 바꾸도록 해야 한다. 누구에게 "이렇게 일해 주세요."라고 직접 지시하는 것보다 자신이 직접 깨닫고 느낀 것이 행동으로 이어지기 더 쉽다. 예를 들어 피드백을 받는 사람에게 자신의 경험을 물어보는 것으로 피드백을 시작한다. 자신의 경험을 통해 이슈를 파악하고 이슈 해결을 위해 자신이 어떤 행동이 필요한지를 직접 물어보는 것이다. 피드백 할 때 한 가지 좋은 방법은 목격한 상황, 행동, 그 행동으로 드러난 영향 등의 세 단계

기술을 명심할 필요가 있다. 예를 들어

[**상황**] 00매니저가 맡은 A사업 발표회에서

[**행동**] 보고한 A사업에 대한 분석 및 대안들은

[**영향**] 꽤 설득력 있었어요. 내가 생각했던 것 이상의

　　　　다른 관점을 제시해 주었어요.

라고 하는 것이 단순히 '보고서가 최고였다'는 말보다 훨씬 설득력있다.

효율적인 일의 방식1
워크 스마트

(기성세대)

보여야 일하는 것!

VS

보여주기 위한 업무는 이제 그만!

(구성원)

좋은 성과를 만드는 효율적인 일의 방식은 무엇일까?

효율이란 일을 제대로 하는 것이고

효과란 올바른 일을 하는 것이다.

-피터 드러커

비효율적으로 부지런하게 일하기

리더는 자신의 조직이 비효율적인 부지런함에 치중돼 있지 않은지 살펴야 한다. 하지만 꼰대 성향이 강한 사람일수록 비효율적인 일의 형식에 치우치는 경향이 크다. 실제로 일하는 방식을 개선하기 위해 전체 업무 시간을 체크해 보면 업무 시간 중 40%가 고객가치 창출에 기여하지 못하는 것으로 나타났다. 형식에 치중하거나 보여주기식 보고 및 불필요하고 복잡한 의사결정에 많은 시간을 보내기 때문이다. 이러한 관행은 고객보다는 경영자를 먼저 생각하는 문화 즉 윗사람에게 잘 보이려는 문화에서 나타나는 현상이다.

보스턴 컨설팅은 2014년에 미국 및 유럽 100여 개의 상장기업을 대상으로 과거부터 현재까지 업무적으로 얼마나 많은 단계를 거치는지 분석했다. 이른바 〈복잡성 현황〉을 관찰한 후 결과를 발표하였다. 업무절차, 조직 계층, 업무 조율 기구, 보고승인 단계, 성과측정 방법들을 복잡성 지수 기준으로 삼았다. 기업의 복잡성은 해마다 6.7%씩 증가하고 50년 전과 비교하면 거의 35

배 수준으로 증가했다. 특히 한국 기업의 지나친 위계질서와 관료주의는 복잡성을 더욱 강화한다. 문제는 이런 한국의 조직문화가 굳어져 복잡한 업무 방식을 리더들이 당연하게 받아들인다는 것이다. 이런 문화에 익숙한 리더들의 복잡한 행동 양식을 부하직원은 그대로 보고 배우고 있다.

복잡성이 높을수록 어떤 일을 준비하는 기획 단계에 많은 시간과 비용이 많이 든다. 연말이면 실제로 사업계획대로 진행되지도 않는 내년도 사업계획을 수립하기 위해 수많은 회의와 보고를 통해 수십 번 보고서를 다시 작성하는 일들이 반복한다. 이러한 과정에서 리더들이 조직을 위해 무엇인가 했다는 성취감과 안전함을 느낀다. 그 기전에는 리더의 불안감이 존재한다. 심리기제로서 불안과 두려움을 경영기법으로 활용하였다. 다시 말해 사람은 신뢰할 만한 존재가 아니라 감시하고 절차를 위반할 때 처벌하지 않으면 조직을 통제할 수 없다는 생각이다.

💬 [기성세대가 리더로] 와 함께 일하려면
합리적, 효율적 워크 스마트 하라

그동안 기업들은 생산량 증가를 위해 노동 투입 시간을 늘리는 방법에 의지했다. 이런 방식은 결과물의 품질과 창의성을 높이기 어렵고, 주 52시간 근무제가 본격화되면서 시대의 흐름에도 맞지 않는다. 주어진 업무 시간 내에 업무를 처리하고 성과를 내는 워크 스마트가 필요하다. 그동안 기업들이 낭비적이고 비율적인 회의를 줄이고 문서를 간소화하는 노력을 하지 않은 것은 아니다. 하면 좋은 활동이었지만, 지금은 반드시 해야 하는 일이다.

조직은 제한된 자원과 사람을 가지고 운영하기 때문에 변화와 혁신을 위해서는 우선순위가 필요하다. 먼저 조직 내 만성화된 관행, 제도, 프로세스 등을 없애거나 단순화해서 여유를 확보하는 것이 필요하다. 형식에 치우친 보고, 결론 없는 회의. 시대에 맞지 않은 프로세스

등이 낭비적인 업무에 해당한다. 리더에게 좋은 것이 반드시 고객에게 좋은 것은 아니다. 비효율적인 업무를 수행할 때 고객의 관점에서 고객을 위한 것이 무엇인지를 먼저 정의하고 고객에게 기여하는 일만이 진정한 보상받을 수 있는 가치 있는 일로 자리매김해야 한다. 이것이 진정한 워크 스마트이다.

워크 스마트의 핵심은 워크 다이어트에 있다. 가치 있는 업무부터 먼저 더하고 저(低)부가가치 업무를 없애는 접근 방법을 사용한다. 세계적인 아이스크림 회사 배스킨라빈스는 제품 수를 31개로 항상 유지한다. 시대적 흐름에 맞게 신제품을 개발하면 이를 추가하는 대신 인기가 덜한 제품을 빼고 31가지 제품 수를 유지한다. 워크 다이어트는 31가지의 아이스크림처럼 중요한 일, 수익이 나는 일은 유지하거나 추가하고, 필요 없는 일은 과감하게 없애는 것이다. 시대와 상황이 변했는데도 늘 그대로인 것은 관행이고 관습일 뿐이다. 수많은 업무 중에는 예전에 했기 때문에 하는 그냥 하는 일이 많다. 혹시나 하는 생각에 버리지 못하고, 일이 줄어드는 것에 대한 두려움 때문에 노동력을 낭비하는 것이다. 그러나 그 일 때문에 진짜 해야 할 일을 못 하는 경우가 생긴다. 본질적이고 부가가치가 높은 일을 하기 위해 비(非)본질적인 일을 줄이는 워크 다이어트를 해야만 필요한 효율과 성과를 얻을 수 있다.

효율적인 일의 방식2
디지털 역량 키우기

(기성세대)

아직은 대면 보고!

VS

전자 결재가 훨씬 빠른데…

(구성원)

시대가 변하면 일하는 방식도 변해야 한다

기존 사업을 과거와 같은 방식으로

지속하는 것은 앉아서

재난을 기다리는 것과 같다.

-피터 드러커

컴퓨터만 쓰면 디지털?

포털 검색창에 검색어를 넣는 시대가 지나가고 있다. MZ세대는 유튜브, 동영상을 통해 문제를 해결한다. 정보를 습득하는 방법이 다르니 사고방식도 다르다. 상호작용에 기반한 정보화 체계는 새로운 사고방식을 요구한다. 유연하고 개방적인 사고에 익숙하지 않으면 기성세대는 디지털 부적응자가 될 수 있다. 좀 더 유연해지는 노력이 필요하다.

💬 [기성세대가 리더로] 와 함께 일하려면
디지털 세대의 능력을 활용하는 리더 되기

디지털 기업으로 변혁하고 있는 GE의 수잔 피터스 부사장은 '기업 내에서 디지털 기술은 마치 숨 쉬는 공기처럼 자연스러운 세대와 그렇지 못한 세대가 있다'고 말한다. MZ세대를 디지털 원주민이라고 하고, 기성세대를 디지털 이민자로 표현한다. 기성세대에 속하는 리더들은 디지털 기술과 새로운 의사소통 방법을 의식적으로 노력해 익혀야 MZ세대의 디지털 능력을 조직에 활용할 수 있다고 주장한다. GE는 사내 스타트 업이라는 디지털 공간을 만들어 자연스럽게 대화하면서 MZ세대의 디지털 역량을 개발하고 있다.

💬 기업의 디지털 역량을 개발하는 방법

① 디지털 사고방식의 변환

디지털 조직문화 조성을 위해서는 MZ세대에게 자율적이지만 신속하게 일을 추진, 관리할 수 있는 능력과 동기를 부여할 수 있어야 한다. 따라서 디지털 기업으로의 전환에서 중요한 것은 디지털 기술보다 기성세대의 사고 방식의 변화가 먼저 이루어져야 한다.

2019년 미국의 주요 기업들의 임원을 대상으로 설문조사를 했다. 그 결과 디지털 기업 체질을 바꿨지만, 기존의 운영방식, 기술, 인프라 등 기업문화는 크게 변하지 않은 것으로 조사되었다. 디지털 전환의 효율성을 기대했지만 직원들의 참여 부족, 부적절한 관리, 협업 실패, 책임소재 불분명으로 인해 디지털 전환이 더 딘 것이다. 기성세대 사고방식의 변화가 먼저 이뤄져야 진정한 디지털 변혁이 완성된다.

② 애자일 방법 도입

기업에서는 가장 먼저 디지털 지능을 강화할 필요가 있다. 디지털 지능을 높이기 위해 소프트웨어 개발 방식처럼 실험-학습-실험 접근을 활용할 필요성이 있다.

많은 조직에서는 〈애자일 방법〉을 도입하고 있다. 완벽하게 계획한 뒤 결과물을 내놓은 것이 아니라, 프로젝트를 진행하면서 중간중간 이해관계인의 요구를 반영하고 수정하면서 소프트웨어를 개발 방식이다. 〈애자일 방법〉을 통해 구성원이 함께 실험하고, 실패하고, 학습하며 다시 적용해 디지털 역량을 강화할 수 있다. 디지털 기술을 적극적으로 수용할 수 있는 기반이 마련되는 것이다. 디지털 전환은 전 임직원들을 대상으로 하는 사업보다는 작은 조직에서 시작해 실험과 시행착오를 거치며 업종, 업무별로 중장기에 걸쳐 진행하는 것이 좋다.

③ 디지털 핵심 인력 영입

새로운 사업을 성공시키려면 내부 역량과 경험만으로 어려울 수 있다. 사업 분야에서 필요로 하는 전문지식과 소프트웨어 기술을 가진 핵심 인력을 과감하게 영입해 변화를 촉진하는 방법도 있다. 네이버는 2006년 초특급 개발자 약 40명을 보유한 〈첫눈〉을 350억에 인수했는데 이 팀이 일본으로 건너가 시행착오를 거친 후 만들어 낸 것이 〈라인〉이다.

④ 사내 벤처

MZ세대 특히 Z세대가 중심이 되어 디지털 역량을 개발하는 방법도 있다. 디지털 전담부서를 설치해서 학습조직을 운영하거나, 실험적인 프로젝트를 진행하는 방식이다.

사내 스타트업은 기업의 디지털 역량을 키우는 좋은 예이다. 대표적으로 삼성 SDS 사내벤처였던 〈네이버〉

가 있다. 인터넷 서비스 사업계획서를 회사에 제안했으나 거절당하자 네이버 포트라는 사내 벤처를 만들었다가 이후에 네이버컴으로 독립하여 지금의 네이버로 확장하였다. 인터파크도 LG데이콤의 사내벤처였다. 사내 벤처 육성 프로그램을 통해 인터넷 쇼핑몰을 제안한 후 그 아이디어를 토대로 데이콤-인터파크를 설립하고 전자 상거래 시장을 열었다. 해외에서는 구글 지도와 지메일, 페이스북의 주요 기능도 모두 사내벤처에서 만들어졌다. 그전에 사내벤처가 없었던 것은 아니다. 다만 교육 활동이나 공모전처럼 운영해 성과 없이 실패하는 경우가 많았다. 사내벤처를 위해서는 기존 프로세스와는 차별화된 시스템이 필요하다. 애자일 조직으로 시작하는 것도 하나의 방법일 수 있다.

[남과 여] 함께하기

[남과 여]에 대한 이해

MZ세대 여성들은 전통적인 가부장적 억압을 별로 느끼지 않고 자랐고, 사회진출의 욕구가 크다. 이렇듯 몇십 년 동안 사회 상황과 여성에 대한 인식이 바뀌었 지만, 조직문화는 과거에 비해서 크게 바뀌지 않았다. 여성들은 취업 과정에서부터 차별을 받고 직장에 들어 가서도 성희롱, 성차별 등이 만연한 분위기에서 일하는

여성(혹은 남성)이기 때문에 차별을 경험한 비율(%)

영역	전체	남성	여성
보상/임금	41.1	24.8	57.4
승진/승급	38.2	26.4	50.0
취업	34.2	22.0	46.4
부서, 업무배치	30.5	21.4	39.6

[출처 한국여성정책연구원 '가정 양립 근로자 실태조사', 2017]

경우도 많다. 기업들이 급하게 여성 구성원을 위해 내놓은 대안들은 실효성이 크게 없거나, 남성 구성원들에 대한 역차별이 되기도 한다.

젠더에 대한 이해는 결국 사람에 대한 이해이다. 다만 이 장에서 여성 구성원에 대해서 좀 더 비중 있게 다루는 것은 아직 우리 조직 사회가 남성 위주인 경우가 많아서 여성에 대한 이해가 좀 더 필요하기 때문이다.

🗨 말과 행동으로 살피는 성차별 편견 점검

가부장적인 조직문화에 익숙한 경우, 자신도 모르게 성차별적인 발언이나 행동을 하는 경우가 있다. 심지어 자신이 여성인 경우에도 같은 여성에게 편견을 가지고 차별적 언행을 하는 경우가 있다. 일상적인 업무에서 자신도 모르게 행하고 있는 성차별을 진단해 보자.

🗨 성차별 편견이 지속되는 이유?

수평적이고 탈권위적인 조직문화가 각광을 받는 지

금, 여전히 성차별적인 관행이나 고정관념이 지속되는 이유는 무엇일까?

진보주의 학자들은 엥겔의 국가의 기원, 원시공산주의 사회에서 그 원인을 찾고 있다. 원시 수렵사회에서 여성들은 임신과 출산을 하면서 사회적 생산에서 남성들 못지 않게 기여할 수 있었으며 의사결정도 동등한 수준으로 참여하였다. 농업 사회로 진입하면서 남성들의 고된 노동으로 생산성이 크게 늘었다. 남성의 노동이 여성의 노동보다 더 중요한 역할을 하게 된 것이다. 그러면서 여성의 지위가 달라지고, 평등했던 가족 구조는 경제력을 중심으로 바뀌었다. 이후 가부장적인 가족 구조 변했고, 여성을 남성의 소유물로 보는 경향까지 나타났다.

자본주의체제의 전환으로 대량의 노동력 요구는 여성을 가정 밖으로 끌어냈다. 여성의 노동도 남성의 노동과 동등한 가치를 갖게 되었다. 이후 여성의 투쟁으로 참정권과 자유를 얻고 세상이 많이 바뀌었지만, 지금까지도 지배계급의 남성은 여성에 대한 성차별적인

조직문화 성차별 진단 체크리스트

2018년 한국여성 민우회가 1~15년 차 여성 직장인 20명을 인터뷰한 내용과 전문가 의견을 바탕으로 바뀌어야 할 조직문화 중 일부다. 해당 문항이 많을수록 조직 구성원 누군가는 불편을 겪을 확률이 높다.

	문항	응답
1	'살 좀 쪘지?' '살 빠졌네' '부어 보인다' 등 몸에 대한 이야기가 일상적으로 오간다	
2	'오늘 예쁘네' 같은 외부 칭찬은 괜찮다고 인식하는 것 같다	
3	비공식적 자리에서 은근슬쩍, 일방적으로 말을 놓은 상사, 동료가 있다	
4	같은 행동에 대해 남성은 철저하고 책임감 있다, 여성은 깐깐해 피곤하다고 다르게 평가할 때가 있다	
5	열심히 일하는 남성 직원은 열정이 있다고 평가하지만 여성 직원은 욕심이 많다고 평가한다	
6	여성 상사를 비하하는 말이 유리천장을 공고하게 하는 분위기가 있다.	
7	상사의 농담이 불쾌해도 최대한 불편하지 않게 넉살 좋게 넘어가야 한다고 생각하는 분위기다	
8	회식, 술자리에 참석하지 않으면 사회성 없거나 이기적인 사람으로 바라보는 것 같다	
9	상사가 시키면 생각이 다르더라도 그대로 하는 것이 권장되며, 그런 직원이 인정받는 분위기다	
10	상사가 직원에게 큰 소리를 내거나 폭언을 한 적 있다	
11	여성은 내근이나 보조 업무에 배치하는 경향이 있다	
12	직원 성비는 비슷하지만, 관리자는 대부분 남성이다	
13	성희롱 예방 교육이 형식적으로 진행된다	

[출처: 엠브레인 트렌드모니터. 남녀 평등 및 차별 문제에 대한 인식조사 결과, 2017]

사고방식을 아직도 벗어나지 못하고 있다. 우리나라는 서양보다 근대화 기간이 짧은 만큼 남녀 차별이 강하게 남아있다. 한국 사회에서는 전통적으로 유교 가치관이 사회질서의 근간이 되어왔다. 유교 가치관에서 여성은 남성을 내조하고 가계의 혈통을 잇는 것이 최우선 의무였다. 한국 사회에서 여성은 가사와 양육에 전념할 것을 요구받아 경제 활동이 활성화되지 못하였다. 산업화가 진행되면서 한국 여성의 사회진출이 늘어나고 있지만, 고착된 여성에 대한 편견은 크게 바뀌지 않았다. 여전히 가정에 대해 무거운 책임과 의무감을 가진 여성들은 직장과 가정 사이에 많은 스트레스를 받고 있다.

여전히 성(性)차별 문제가 발생하는 근본적인 원인

뿌리 깊은 유교 사상	50.7 %
가정 내에서부터 고착화된 성 역할	43.2 %
남아선호사상의 잔류	35.6 %
여성들 자체의 주체성 부족(의존하려는 성향)	28.0 %
뚜렷하게 성 역할을 구분 짓는 학교 교육	26.1 %
불평등을 개선하려는 의지 부족	23.9 %
남녀 성별 차이에서 기인한 여성의 능력 부족(체력 등)	22.4 %
양성평등에 대한 교육(캠페인) 부족	19.3 %
여성을 배려하는 정책 부족	17.7 %
훌륭한 여성 리더의 전례 부족	12.0 %

[출처:트렌드 모니터, 2018]

💬 남자도 당한다! 직장 내 역차별

　여성의 대학 진학률이 남성보다 크게 앞서고 여성 고용률도 52%이다. 조직 내 여성 진출이 활발해지면서 제도적으로 여성에 대한 대우가 좋아졌다. 그와 동시에 남성 구성원이 상대적으로 차별을 받는 일도 생겨났다. 남녀 모두 육아휴직을 보장받지만 현실적으로 남성이 더 쓰기 힘들다. 2014년 여성 정책 연구원 조사에 따르면 한국 남성이 육아 휴식을 사용하는 데 부담을 느끼는 이유는 소득 감소, 직장 내 경쟁력 약화, 동료들의 업무부담, 부정적 시선 등으로 나타났다. 특히 대부분의 부장급 이상 상사는 남자가 육아휴직을 쓰는 것 자체를 이해하지 못하며 종종 인사상 불이익을 주는 경우도 있다.

　여성 배려 정책에 대한 남성 구성원들의 불만도 증가하고 있다. 이른바 역차별이 존재하는 것이다. 직장 내 힘든 일과 궂은일은 남성 구성원이 당연히 도맡아 하고, 같은 남성이라는 이유로 상사의 욕받이가 되는 건 부지

기수다. 특히 여성 할당제에 대한 불만이 크다. 여성들이 고위직 진출이 어려웠던 시절에 유리천장을 넘기 위한 배려 차원의 제도다. 남성들 입장에서는 지금은 여성들이 기회와 능력을 충분히 갖추고 있는데 그런 특혜가 필요하냐는 것이다. 시대와 상황에 따라 바뀌어야 하는 것들이 있지만 아직 따라가지 못하는 것들이 있다. 그런 것들이 새로운 차별을 낳고 있는 실정이긴 하다.

가정은 누구에게 더 중요한가?

(편견)

여성은 일보다 가정이 중요하다.

VS

가정은 누구에게나 중요하다.

(남녀)

가정은 남녀 모두에게 소중하다.

당신과 내가 할 가장 중요한 일은

우리집 울타리 안에 있을 것이다.

-해롤드 비 리

가정의 일은 누구의 일입니까?

사회에서 가사와 육아는 여전히 여성의 몫이라는 고정관념이 있다. 여성이 첫 승진에서 밀리는 가장 큰 이유는 출산과 육아이고, 이때 여성의 사회진출이 무너진다. 2019년 맥킨지의 직장 내 여성 보고서에 따르면 MZ세대의 여성들이 기업에 많이 진출하고 있지만, 관리자급의 첫 승진 때부터 여성이 배제되는 것이 문제라고 지적했다.

통계적으로 봐도 여성이 가사노동에 할애하는 시간이 남성보다 상대적으로 높다. 여성의 하루 평균 가사

2019년 직장 내 여성 비중(단위 %)

직급	비중
신입	48
초급 매니저	38
팀장급	34
초급 임원급(VP)	30
임원급(SVP)	26
최고경영진	21

[출처: 맥킨지 590개사 2200만 명 직장인 대상]

노동은 3시간 13분으로 43분인 남성보다 4,5배가 많았고 미취학 자녀를 돌보는 시간은 여성이 3시간으로 남성의 3배가 넘었다. 여성은 직장과 가사 육아 분담까지 져야 하는 어려운 과제가 현실적으로 존재한다. 한 연구 결과에 따르면 여성들은 집안일 때문에 직장에서 일을 잘 수행할 수 없으며 병행하느라 자주 스트레스를 느낀다고 하는 반면, 남성들은 가족 부양에 대한 책임감으로 열심히 일하게 된다고 대답했다. 남성은 일과 직장에 집중하지만, 여성은 일과 가정 모두 신경 쓰다 보니 동시에 부담이 돼서 더 많은 스트레스를 받게 되는 상황이 되는 것이다. 그렇다고 해서 남성이 가정에 대해서 전혀 마음을 쓰지 않는 것은 아니다. 직장인의 10명 중 7명은 가정과 직장 사이에서 갈등을 겪어 본 적이 있다고 한다. 일과 가정의 양립을 위한 법정 제도가 많이 마련되고 있지만, 추가 근무와 야근 등으로 가족과 함께 보낼 수 있는 시간이 많지 않기 때문이었다.

남성도 가정에 충실하고 싶은 욕구가 분명히 있다. 하지만 조직에선 남성 직원이 가정을 위해서 일찍 퇴근

가정과 직장 간의 갈등에 의해 발생하는 문제

질문	응답비율
직장 스트레스로 가족 간의 싸움 마찰 횟수 증가	40.1
가족 간의 대화시간 부족	24.4
갈수록 어망이 되는 집단 살림	19.8
가족 행사 불참	8.19
가족에게 느끼는 소외감 증가	4.7

가정과 직장 간의 갈등을 촉발하는 요인

잦은 야근 및 초과 근무	30.8
자녀 양육 문제	27.9
고용불안으로 인한 스트레스	27.3
잦은 회식 및 술자리	11.6
잦은 출장	2.3

가정과 직장 중 더 중요하게 여기는 것은

직장	16.3
가정	83.7

하루 가사노동 시간

남성 < 여성 (4.4배)

[출처: 벼룩시장 구인구직, 직장인(909명) '가정과 직장사이 갈등' 설문조사 결과, 2018]

해야 한다고 하면 못마땅하게 여기는 상사들이 많은 것이 현실이다.

💬 [남녀]와 함께 일하려면
가정은 모두에게 중요하다는 것을 인정한다.

일하는 여성이 증가하면서 이제는 일하는 부모의 시대이다. 실제로 일과 가정의 균형을 잡기 어려우면 이직의 중요한 원인이다. 일과 가정의 중요도에서 가정이 일보다 우선이라는 응답이 매년 증가하고 있다. 이제는 조직은 여성과 남성 모두에게 일과 가정의 균형을 유지하는 일이 중요하다.

조직문화가 가정을 도와야 한다

조직에서는 산전 휴가, 육아휴직제도 등 가족친화경영을 비용으로 인식하는 경우가 적지 않다. 그런 조직은 구성원이 번아웃 되거나 떠날 확률이 높다. 대신에 업무수행 방식을 조금 더 효과적이고 생산적으로 바꾸면 남녀 모두 일과 삶의 균형을 이룰 수 있다. 모든 구성원이 자율적이고 보다 합리적으로 업무에 몰입하여 일할 수 있는 〈워크 스마트〉 문화 정착은 자연스럽게 가족 친화적 경영도 가능하게 한다. 일하는 부모가 늘어나고 가정에 대한 가치를 중요한 시대에 일과 가정의 양립은 조직을 살리는 길이다.

친 육아 환경을 구축이 필요하다

여성이 가지고 있는 역량을 최대로 활용하는 방안으로 언제나 믿고 맡길 수 있는 친 육아 환경과 보육 인프라가 있으면 좋다. 안심하고 아기를 맡길 수 있는 어린이집을 신설하거나 정원을 증대하거나, 근무 방식도 직장에 국한되지 않고 자택과 오피스에서 업무를 수행하고, 화상회의 시스템 도입, 재택근무, 선택 근무 확대 등의 제도를 제공해 줄 수 있다.

CJ는 초등학교 입학을 전후로 한 달간 자녀입학 돌봄 휴가 제도와 일시적 긴급 상황에서 하루 2시간 단축 근무를 신청할 수 있는 긴급 자녀 돌봄 근로시간 제도를 운영하고 있다. 아모레퍼시픽은 예비 엄마에게는 업무 시간을 6시간으로 단축하고 태아 검진을 위해 외출과 조퇴를 자유롭게 허용하며, 사내 어린이집도 유기농식단과 체험형 학습 위주의 교육 등 높은 보육 서비스를 지원하고 있다.

기업의 이러한 노력은 과거에 출산이나 육아 때문에 가정에 머물러 있던 똑똑한 여자들을 직장에 나오게 함으로써 조직의 미래 역량을 높일 수 있다. 몇몇 여성 임원을 배출하기보다는 출산과 육아를 자연스럽게 받아들이는 회사 분위기와 장기적으로 근무할 수 있는 환경을 만들어 능력에 맞게 동등한 기회를 주는 기업문화 노력을 지속하는 것이 더 중요하다.

여성의 능력 활용1 - 기회 제공

(편견)

여성은 멘탈도, 체력도 약하다

VS

여성은 능력을 증명할 기회가 없을 뿐이다

(남녀)

능력은 어떻게 키워질까?

인간이 현명해지는 것은 경험에 의한 것이 아니고,

그 경험에 대처하는 능력 때문이다.

-데카르트

편견으로 판단한 여성의 능력

젠스 마제이(Jens Mazei) 와 동료들은 '여성은 협상을 잘못하고 너무 쉽게 양보한다는 통념'에 대해서 100개 이상의 연구를 분석한 결과 성별 차이가 없다고 결론을 냈다. 하지만 여전히 여성은 협상에 약하다는 통념을 많이 가지고 있다. 어떤 평가를 받을 때 여성은 남성보다 더욱 정밀한 평가 잣대가 주어진다. 여성의 실수와 실패는 더욱 엄격하게 평가된다. 이러한 기준에서 평가를 받다 보면 여성은 위축되고 실패할 확률이 높다. 그러다 보니 회의에서 목소리를 내지 않게 되고, 도전적인 업무에서 배제된다. 편견으로 능력이 판단돼 버리는 것이다.

🗨 [남녀]와 함께 일하려면
저평가된 여성 인력을 활발하게 활용하라

한국에서 '가장 저평가된 천연자원은 무엇일까. 영국 경제주간지 이코노미스트는 '한국 여성'이라고 지적했다. 한국 기업들이 여성을 차별하는 틈새를 이용해 한국 내 다국적 기업들은 한국 여성들의 능력을 활용해 높은 수익성을 내고 있다고 전했다. 한국 기업들이 자질이 뛰어난 여성들의 채용을 거부함으로써 외국 기업들이 낮은 임금으로 그 여성들을 고용하는 성차별 반사이익을 보고 있다는 얘기다. 한국 근로 여성들은 평균 남성 임금의 63%를 받고 있다. 게다가 아이를 갖게 되면 직장을 그만두라는 사회적 압력에 직면하게 된다. 이것이 외국 기업들엔 경쟁적 이익을 얻는 기회가 되고 있다고 한다. 하버드 경영대학원의 조던 시겔 교수는 이를 빗대 "한국은 성 차익거래에 이상적인 환경을 갖고 있다"라고 말한다. 매년 수많은 똑똑한 여성 졸업생들이 노동시장에 진입하지만, 취직을 한다 해도 얼마 가지 않아 남성 동료들에 의해 가려진다고 지적한다. 이코노미스트는 "여성 관리자 비율을 10%포인트 올릴 경우 총자산 수익률이 1%포인트 높아지는 효과를 가져온다"면서 "한국 기업들이 여성들의 재능을 활용하지 않으면 외국 기업들이 성 차익 거래로 더 많은 어부지리를 얻을 것"이라고 충고했다.

1) 조직의 고정관념 점검하기

조직 내 여성을 지원하기 위해서는 편견을 없애는 리더의 예방적인 활동들이 중요하다. 다양성이 높은 팀은 동질적인 성향의 팀보다 우수한 성과를 내는 경향이 높으며, 조직 내 다양성을 잘 관리할 경우 집단 지능이 높아져 의사결정과 문제 해결 역량이 향상된다. 우선 리더들은 자신의 시야를 가리고 있는 남녀 편견을 점검할 필요가 있다.

편견 점검 1. 남성 직원과 여성 직원이 동시에 일을 잘하는 경우 어떤 쪽에 호감이 더 가는가?

연구에 의하면 사람들은 성공한 남성에게 호감을 느끼는 반면, 성공한 여성에게 호감을 느끼는 경우는 드물다고 한다. 여성이 자신감을 가지면 좋은 사람 같다는 느낌을 덜 받는다는 것이다. 리더로서 성별에 따라 능력을 구분짓는 것은 아닌지 점검해 볼 필요가 있다.

편견 점검 2. 여성과 남성을 평가할 때 남성에게 더 우수한 평가를 하는가?

여성들은 높은 업적이나 성과 덕분에 승진되는 경우가 많으나 남성은 성과가 뛰어나지 않아도 잠재력을 바탕으로 승진이 되는 경우가 많다. 이런 현상을 먼저 리더가 인식만 해도 공정한 평가를 할 가능성이 커진다. 남녀 성별이 가져오는 차이를 이해하고 그것이 팀원들에게 주어지는 기회에도 차별적인 영향을 미치는지를 살펴본다. 그러기 위해 리더는 업무협의 기회를 더 자주 가지면서 업무 스타일에 대한 장단점 파악 기회를 늘리며 평소 직원들의 업무성과를 구체화시켜 놓을 필요가 있다. 팀원들과 동료들 모두에게 추상적인 느낌이나 생각이 아닌 구체적인 상황과 사례를 근거로 제시하는 방식으로 여성의 장단점에 대한 평판을 들어보고 수시로 피드백해 준다.

편견 점검 3. 회의 시간에 여성 직원이 강하게 자신의 의견을 주장하면 부정적인 감정이 드는가?

회의 시간에 여성 직원이 강하게 의견을 말하는 경우, 어떤 편견을 갖고 보지 않았는지, 말을 끊지 않았는지 확인해야 한다. 만약 그런 행동이 보였다면 바로 대처해서 규칙을 만들거나 중재를 해야 한다. 여성 구성원에 대한 특혜가 아니라 발언권에 대한 보장이다.

편견 점검 4. 남자 직원과 여자 직원에게 업무 기회나 교육 기회를 동등하게 제공해 주는가? 여성이라서 해외근무 대상에서 제외한 적이 있는가? 인사 기획 등에 주요 업무에 남성 직원만 배치하는 경우가 있는가?

똑같은 학력과 자격으로 입사했는데 남성은 주요 업무에 여성은 단순한 업무를 하게 되는 경우가 비일비재하다. 남성은 정기적으로 순환 근무를 시켜 경력을 쌓게 하지만 여성은 본인의 의지와 상관없이 특정 업무만 계속 시키는 경우가 많다. 비중 있는 업무는 주로 남성 동기들이 맡게 되어 여성은 개인적으로 성장할 기회를 적게 주고 있는지 점검한다.

편견 점검 5. 자녀가 있는 남녀 직원들을 다르게 대한 적은 없는가?

여자들은 남자들보다 더 감정적이고 결국 육아 문제로 일에 집중력이 떨어질 것이라고 생각한다. 자녀가 있는 여성 직원들은 회사 일을 소홀하게 할 수 있다는 선입견을 가진 적이 없는가를 점검해 본다. 일과 가정 사이의 우선순위 충돌 때문에 주로 여성이 스트레스를 받는다고 생각하지만 많은 남성도 그로 인해 스트레스를 받는다. 남성과 달리 여성 스스로 직무 조정을 선택하게 되고 이러한 여성의 선택은 문제를 고착화해 여성을 중요한 자리에 보내지 않으려 한다. 직무 조정이란 해결책은 아이러니하게도 유능한 여성의 경력에 타격을 입힌다.

편견 점검 6. 여성 직원에게 업무지시를 하거나 부정적 피드백을 해 주는 것에 어려움을 느끼는가? 평소 여성 구성원들과 심도 있는 업무 협의나 경력 코칭의 기회가 적은 대다수 리더는 유사한 어려움을 느낄 경우가 많다. 이들의 고민은 어떻게 여성 직원의 역량 개발을 지원하고 피드백 해 줄 것인가 이다. 대부분 남성 상사가 여성에게 직설적이고 명령적으로 지시하면 기분이 상할까 걱정되어 완곡히 표현하는 경우가 많다. 이럴 경우 명확한 의사가 전달되지 않을 가능성이 크기 때문에 자신의 의사표현을 명확하게 하는 것이 좋다

100대 기업 연도별 여성 임원 보유 기업 수 현황

년도	여성임원 보유 기업 수	여성임원 미보유 기업 수
2004년	10	90
2006년	13	87
2010년	21	79
2011년	30	70
2013년	33	67
2014년	32	60
2015년	37	63
2016년	40	60
2018년	55	45
2019년	56	44
2020년	60	40

[출처: 유니코 써치, 반기 보고서 기준]

🗨 <젠더통합리더십>을 양성한다.

메가트렌드에 의하면 21세기의 유망직업은 여성 의존도가 높은 업종으로, 여성의 힘을 빌리지 않고는 성공할 수 없다고 단언했다. 앞의 표에 나타난 바와 같이 여성형 리더십이 점차 주목받고 있다. 여성형 리더십은 '여성'만 리더 자격이 있다는 뜻이 아니다. 여성이 가진 공감 능력, 배려, 섬세함, 유연함 등에 대한 능력을 리더의 자격으로 갖추자는 것이다. 〈젠더 통합 리더십〉이라고도 할 수 있다.

즉 여성과 남성 모두가 변화의 주체이다. 여성과 남성의 경험과 관점을 통합하고 조직구조와 문화를 근본적으로 변화시키기 위한 젠더 파트너십 구축을 목적으로 한다. 젠더 파트너십은 고정화된 조직문화를 넘어서서 새로운 조직문화를 만들어가는 적극적인 리더십을 말한다. 여성적 가치를 평가절하하지 않고 상황에 따라 유연한 리더십 스타일을 구현한다. 여성의 부드러움과 섬세함이 다양성과 유연성을 요구하는 조직문화에 적합한 대안적 리더십이 되는 것이다. 남성 중심의 통제적 리더십이 이제는 관계 지향적 리더십으로 전환되면서 여성적 리더십의 특징을 같이 한다.

우리는 무의식적으로 기존 관습이나 관행대로 움직이기 때문에 스스로 성 인지 감수성을 키우고 무의식적인 행동을 자제해야 한다. 새로운 변화에 불편은 따라온다. 남녀는 공존해야 할 동반자이지 적이 아니다. 양성 갈등은 사회통합의 문제로 인식하고 서로를 존중하는 대화를 배우고 부드러운 언어를 사용하며, 공감하고 토론하고 남자, 여자를 떠나 서로가 인간이라는 생각으로 존중해야 한다.

04

여성의 능력 활용2- 멘토

(편견)

여성은 성공보다 안정을 추구한다

VS

장기적 안목을 볼 수 있는 지원이 부족하다

(남녀)

자기 업무만 잘하면 된다?

거인의 어깨에 올라서서 더 넓은 세상을 바라보라

-아이작 뉴턴

절대적으로 부족한 여성의 사회적 경험

여성들은 미래 경력 목표를 중간관리자급 이상으로 수립하지 않는 경향이 있다. 한 설문조사에 따르면 여성과 남성은 최종 승진 목표에서 큰 차이를 보이는 것으로 나타났다. 여성은 과장급(21%), 부장급(17.5), 임원급(17%), CEO (15.8%)인 반면, 남성은 임원급(41%)에 이어 CEO (22.2%), 부장급 (19%)이었다. 남성은 여성보다 상대적으로 직장 내에서 나이가 많고 직급이 높으며 다양한 성장 기회, 리더십 경험이 많다. 여성은 임원급 이상의 여성 롤모델 부재 속에서 여성 리더로 학습하고 성장할 가능성이 남성보다 적다. 특히 여성은 가정과 육아에 대한 높은 책임과 의무감으로 도전과 성취가 쉽지 않은 상황이다.

사회 심리학자 로이 바우마이스터는 안정과 성취지향성은 남녀 차이가 아니라 부모의 양육 태도나 사회적 경험 차이 때문이라고 설명한다. 여성에게 낮은 경력 목표 설정은 훨씬 현실적이고 실현 가능한 것이다.

여성은 중간관리자가 되기 전까지 자신에게 주어진

업무만 잘하면 되는 줄 안다. 관리자 초기 진입 시기에 여성들은 일에 대한 고민을 털어놓거나 조언을 해줄 선배나 보고 배울 여성 롤모델이 남성에 비해 급속하게 줄어드는 경험은 한다. 남성 리더는 익숙하지 않은 여성 리더와 일하는 것을 불편해한다. 동질성이라는 사회적 원칙에 따라 자신과 동질적인 사람들과 관계를 맺으려는 경향이 있으며 남성과의 멘토 관계를 더 편안하게 생각한다. 여성들도 조직 내 여성 리더가 있다면 이들에게 찾아가 조언을 구하는 것을 선호하나 불행히도 그럴만한 여성 리더의 숫자는 그리 많지 않다. 소수로서 성공하기 위해서는 조직 생활을 이끌어줄 존재가 필요하지만, 여성 멘토를 찾는 일을 쉽지 않다.

직장인 승진 목표 1위는?

구분	최종 승진 목표	비율(%)	가능(%)	불가능(%)
여성	과장급	22	59	41
남성	임원급	41	70	30

[출처: 사람인 직장인 대상(815명) 설문조사, 2018년]

💬 [남녀]와 함께 일하려면
여성들의 장기적인 안목을 키워주어야 한다.

조직에서 장기적인 안목을 가질 수 있도록 남성 직원과 차별 없이 잠재력이 큰 전략적 업무나 도전적인 과제를 받을 수 있어야 한다. 따라서 리더는 멘토의 역할을 통해 여성들의 장기적인 안목을 키워주어야 한다.

1) 멘토 역할 하기

① 좋은 멘토 관계 형성하기

멘토를 가진 여성이 그렇지 않은 여성보다 직무 만족과 급여 수준이 높다는 연구 결과가 나왔다. 좋은 리더는 여성에게 리더가 되겠다는 자발적 의지와 자신감을 갖게 해야 한다.

먼저 여성 멘티의 꿈, 야망, 목표 등을 이해하기 위한 충분한 시간을 갖는다.

여성에 대한 편견을 점검하고 여성의 능력과 성향 등

을 정확히 파악해야 한다. 심리적 성향, 행동적 리더십 스타일, 직업관, 가족관계 등 많은 것을 공유할수록 멘토와 래포를 형성할 수 있다.

② 장기적 목표 설정하기

인생의 비전, 조직에서의 장기 목표, 단기 목표를 설정하고 현실적으로 타당하고 미래 설계에 합당한 계획인지 합의한다. 조직이 무엇을 요구하게 될 것인가를 고민하고 조직 내 큰 흐름을 파악할 수 있도록 지원해 준다. 현재 여성이 가지고 있는 환경적 요소를 고려하여 실천 가능한 목표를 설정해야 한다.

③ 구체적인 실천 방안 논의

현재의 나에게서 미래의 나로 성장하기 위한 이미지를 상상해 보도록 한다. 이러한 이미지를 달성하기 위해 언제, 어디서, 어떻게, 누구와 무엇을 할 것인지 세부적으로 명확한 액션플랜을 작성한다. 목표에 따라 어떤 기술과 지식을 개발할 것인가도 포함한다.

④ 수시로 피드백 해주기

성공적으로 실행하기까지 기다려주고 모니터링한다. 멘티와 피드백 미팅 기회를 더 자주 얻으면서 멘티의 업무 진행 상황의 장단점을 파악하고 실행에 필요한 전문적, 기술적인 문제가 없는지 확인한다. 여성 멘티의 목표 발전 상황을 점검하고 작은 성공을 인정해 줄 때 멘티의 자신감이 올라간다. 한편 목표 달성을 힘들어할 때마다 '할 수 있다'라는 격려와 용기를 준다.

여성 직원의 높은 퇴사율과 낮은 직무 만족도로 고민하던 보스턴 컨설팅도 강점 개발 중심으로 피드백 모델을 수정했다. 리더들은 실제 사례를 중심으로 강점과 연계하여 여성들에게 개선 분야를 제시함으로써 이들의 장점을 살려 성장을 도울 수 있다.

좋은 멘토는 정보교환과 감정적 지지를 균형 있게 해주는 업무적 공감과 관계적 공감을 잘한다. 관계적 공감에는 인지적 측면과 감정적 측면이 있다. 정서적 공감이란 상대방의 감정을 인지하고 그들의 입장이 되어

보는 것이다. 인지적 공감은 상대방의 감정을 진정으로 이해하고 왜, 무엇이 이런 감정을 유발했는지 이해하는 것이다. 멘토는 멘티를 머리와 가슴 모두로 공감해야 한다. 공감은 상호신뢰를 쌓고 서로의 경험을 공유할 수 있으며 이런 과정을 통해 여성 멘티뿐만 아니라 멘토 자신도 리더로서 한층 더 성장할 기회를 얻을 수 있다.

2) 비공식적 네트워크 제공

조직 내 여성 관리자들은 비공식 네트워크에 자의나 타의로 배제된다. 유용한 인맥이나 정보에 접근하지 못하는 것은 경력 개발에 불리하게 작용한다. 인맥과 친분 관계가 깊지 않으면 중요한 임무나 승진의 기회를 알기 어렵다. 더 상위의 직급으로 올라가면서 정보력은 중요한 권력이 된다. 일만 잘하면 되는 것이 아니라 중요한 정보원을 확보하고 잘 활용하는 것이 상사에게도 부하직원에게도 유능한 사람으로 인식되기 쉬운데 여성은 남성 동료와 비교해 접근할 수 있는 남성 네트워크가 제한되어 있다.

　리더는 여성과 다른 리더들 사이에서 네트워크를 연결해 주는 브릿지 역할을 해주어야 한다. 여성은 임원의 대다수가 남성인 기업에서 스스로가 수직적인 네트워크를 형성하기에 어려움을 겪는다. 남성은 수직적인 네트워크를 만들기 위해 회사의 비공식적인 모임에 적극적 참여하지만, 여성은 회사의 공식적인 모임만 적극적으로 참여하는 경향이 있다. 남성은 비공식적인 관계를 공식 네트워크에 잘 활용하여 네트워크로부터 많은 정보를 받으며 후원자의 지원을 받는다. 따라서 여성들은 비공식적인 네트워크를 통해 후원자를 찾는 주는 것이 중요하다. 리더는 다른 고위급 리더들과의 네트워킹을 주선하고 부정적인 여론으로부터 여성을 보호하고 최종적으로 승진을 위해 적극적으로 도와주는 역할을 한다.

　여성 관리자는 리더가 이어준 네트워트를 통해서 그동안 만나기 어려웠던 사람들과 더욱 폭넓게 네트워크

를 만들고 쌓아야 한다. 자신이 조직을 책임지고 운영
할 수 있는 능력과 충분한 네트워크를 지닌 존재임을
알리면 여성도 고위직에 어울리는 사람이라는 정당성
을 획득할 수 있다. 여성도 고위직에 어울리는 사람이
라는 정당성을 획득할 수 있는 발판을 마련할 수 있다.
여성들은 네트워크를 통해 권력과 지위가 낮음으로써
오는 무력감과 자아 존중감을 개인에 머무르게 하지 않
고 네트워크 내의 상호관계를 통해 정치적으로 집단행
동으로 확장할 수 있다.

💬 변화는 인내심이 필요하다.

조직문화의 변화는 장기적으로 엄청난 인내가 필요하다. 변화하고자 하는 목표를 세우고 순차적으로 변화 에너지를 먼저 확보하는 것이 더 중요하다. 이때 조바심을 내면 변화에 실패할 확률이 높다. 특히 오랜 시간에 걸쳐 형성된 기성세대의 공통된 믿음이나 가치는 기존의 변화 접근 방식으로 쉽게 변화시킬 수 없다. 조직문화 변화를 위한 노력은 가장 변하기 힘든 기성세대를 이해하는 것부터 필요하다. 만약 조직문화가 변화하기 쉬웠다면 어느 조직이나 원하는 조직문화를 쉽게 만들어 낼 수 있었을 것이다.

💬 조직문화 혁신 방해요인

(1) 조직관습

조직에 퍼져 있는 관습은 조직문화 혁신을 방해하는 최대요인이다. 조직은 익숙한 방식대로 행동하려는 조직의 관성을 가지고 있기 때문이다.

1940년대 미국의 심리학자 커트 레빈은 조직의 변화관리를 위해 〈Unfreezing-Moving-Refreezing변화관리〉 단계를 정리하였다. 조직이 변화에 실패하는 이유는 레빈이 정리한 첫 번째 변화 단계에서 기업 저변에 깔린 장애물을 제거하지 못한 경우이다. 그 장애물은 조직에서 무의식적으로 행해지고 있는 일상적인 루틴과 의례들이다. 즉 조직의 관습이다. 관성으로 억눌린 환경은 새로운 업무 방식을 제시해도 원래 방식을 벗어나지 못한다. 새로운 교육을 한다고 해도 기존 루틴과 맞지 않으면 헛수고이다. 정신교육도 마찬가지다. 익숙하지 않으면 제자리로 돌아올 가능성이 크다. 그러면서 변하지 않는 조직문화를 탓한다.

2010년 맥킨지의 조사에 의하면 변화에 실패하는 원인 중 1위가 변화에 대한 구성원들의 저항(39%)으로 나타났다. 인간의 뇌는 우리에게 유익한 것보다는 익숙한 것을 선호한다는 연구 결과들이 있다. 나에게 좋은 결과를 가져다주는 행동보다는 편안하고 익숙한 행동으로 다시금 돌아간다.

변화가 얼마나 어려운 것인지에 대한 대표적인 예로 존스 홉킨스(Johns Hopkins) 의대 학장이었던 에드워드 밀러(Edward Miller)의 심장 질환 환자들이 있다. 심장에 이상이 있어 관동상맥 우회로술을 받은 환자의 90%가 수술 후 2년이 지나기 전에 기존의 생활방식으로 돌아갔다. 생명과 직결된 심각한 병을 극복하는 것이 중요한 일인데도 변하려 하지 않았다. 마찬가지로 조직 구성원들이 아무리 조직이 심각한 위기 상태에 직면해 있고, 과거의 방식대로 일해서는 안 된다는 것을 알고, 바꾸어야 하는 것을 느낀다고 해도 자신에게 편하고 익숙한 방식을 버리기가 쉽지 않다.

조직문화의 변화는 기존의 무의식적으로 행하는 집단 가정에서 벗어나 새로운 가치를 만들어내는 활동들이다. 조직문화를 혁신한 기업은 호기심 많고 또래와 함께하고 모험을 좋아하던 우리의 어린시절 모습과 닮았다. 우리는 자신이 추구하는 가치가 기존의 조직 가치(조직 관습)와 다를 때 어떻게 행동할지를 경험을 통해 체득하면서 관성에 젖는다. 하지만 변화를 위해서는 모험처럼 위험을 감수해야 한다.

(2) 단편적 처방

조직문화는 원인이 아니라 결과로 만들어진다. 권위적 문화, 위계적 문화, 가부장적 문화, 실패를 허용하지 않는 문화 등 각종 바람직하지 못한 단어들이 문화 앞에 달라붙는다. 그동안 조직문화는 기업이 큰 어려움이 닥쳤을 때 종종 문제의 주범으로 지목됐다. 4차 산업에 맞지 않는 기업문화 탓에 기업이 어려움을 겪는다는 식이다. 문제를 해결하려면 조직문화를 바꿔야 한다고 강조하지만 원인부터 찾지 않고 해결에만 집중한다. 예를 들어 자주 머리가 아플 때 왜 머리가 만성적으로 아픈지를 찾아 그 원인을 제거해 주어야 하는데 두통약만 제공해 주는 것과 같다. 더 큰 문제는 원인을 찾더라도 역시 똑같은 처방을 하기도 한다.

조직은 많은 파급효과가 발생하는 복잡한 시스템이다. 리더십, 조직구조, 의사결정 권한, 성과관리 시스템 등 전체적인 변화를 통합적으로 활용할 때 결과적으로 조직의 문화가 변한다. 조직 전체가 문제의 원인을 제거하기 위한 총체적인 노력보다는 전담 조직이나 교육, 캠페인 등의 단편적인 처방에 초점을 두면 조직은 변하기 힘들다.

(3) 한방에

한꺼번에 너무 많은 것을 바꾸려고 하는 것 또한, 조직문화 혁신의 장해요인이다. 초조한 CEO들은 변화를 추진할 때 한 번에 완성해야 한다고 생각한다. 초기 저항이 있더라도 한 번에 크게 변화를 추구해야 결과적으로 상처가 적다고 여긴다. 물론 구성원 모두가 변화에 합의가 잘된 상태라면 시간을 끌기보다는 한 번에 변화를 추진하는 것이 좋다. 그러나 변화에 대한 기득권을 가진 보수적 계층이나 변화에 대한 필요성을 인식하지 못하는 구성원이 대다수일 때 이러한 변화는 실패하기 쉽다.

조직의 변화는 눈에 보이는 구조나 제도보다 구성원들의 일하는 방식이나 추구하는 가치와 같이 눈에 보이지 않은 것들이 중요하다. 변화관리 컨설턴트 윌리엄 브리지스는 Change 대신에 Transit라는 용어를 사용한다. Change는 정책이나 조직 규모, 사업구조 등 외형적인 변화에 해당하고, Transit은 구성원의 심리, 정서, 태도, 가치 등의 변화에 해당한다. 속도도 빠르고 관리하기 쉬운 change와 달리 Transit은 시간이 오래 걸리고 지시나 강요로 이루어지지 않는다.

💬 변화는 작은 것부터 점진적으로 추진해야 한다

조직문화의 변화는 천천히 변화를 추진해 나가면 매

일, 매주의 목표 달성이 쌓여 성과로 나타난다. 한 번에 많은 일을 하기보다는 몇 가지 일에 집중해 성공한 다음 다른 성과로 이루어지도록 변화를 추진하는 전략이 효과적이다. 조직문화는 우리가 생각하는 것처럼 빠르게 한꺼번에 바뀌지 않기 때문에 조급히 서두르면 상황은 더욱 악화된다. 특히 외부 충격이나 내부 위기가 없는 상태에서 뿌리 깊은 믿음이나 행동을 변화시키는 일은 더욱 어렵다. 최고의 결과를 얻으려면 작은 승리를 목표로 삼아 지속적인 성공을 보여주어야 한다. 작은 변화를 위한 노력이 성공하면 더 포괄적이고 큰 변화도 수월하게 성공할 수 있다.

(1) 일상적인 행동에 변화 초점을 둔다

작은 변화의 노력은 구성원들의 행동에 초점을 두는 활동부터 시작하는 것이 좋다. 조직문화를 변화시키기 위한 실천 방안으로 구성원들이 일상에서 보이는 반복적인 행동에 주목하고 고민해 봐야 한다.

예를 들어, 배달의 민족으로 유명한 우아한 형제들은

송파에서 일 잘하는 방법 11개를 행동 가이드로 만들어 지킨다. '간단한 보고는 상급자가 하급자 자리로 가서 이야기 나눈다.' '잡담을 많이 나누는 것이 경쟁력이다.' 등 매우 구체적이고, 실천 가능한 것들이다.

(2) 변화 과정을 시스템화한다

작은 변화를 매일 느끼기는 어렵지만 차곡차곡 쌓인 결과는 차이가 크다. 몸무게는 식습관이 쌓인 결과이며, 다이어트 또한, 꾸준히 반복되는 식이요법과 운동의 결과이다. 우리가 반복해서 하는 작은 일이 결과로 나타나는 것이다. 그런데 좋은 습관을 들이는 건 어렵다. 운동을 해도 바로 달라지지 않고, 노력해도 영어 실력이 빨리 늘지 않는 것처럼 결과에 도달하기 까지 참고 견디는 시간이 필요하기 때문이다. 변화를 습관으로 만들려면 과정을 시스템화하여 그 과정에 집중해야 한다.

만약 리더로서 수평적 소통이 목표라면 젊은 직원들과 짧은 대화 나누기, 칭찬 하기, 경청 시간 갖기 등 루틴을 정하는 것이다. 이때 결과에 집중하는 것이 아니라 매일매일 솔직하게 얼마나 대화를 나누었는지에 초점을 두거나, 매일 회의 전에 한가지씩 자신의 업무에서 잘한 것, 실수한 것을 토론하고 칭찬과 인정해 주는 것을 반복하다 보면 습관이 될 것이다.

작은 성공을 거둔 사람일수록 더 큰 성공을 거둘 가능성이 크다. 작은 성공을 한 사람은 뇌의 화학적인 상태를 바꾸고 환경을 대하는 태도가 다르다. 큰 변화를 이루려면 구체적인 행동 변화가 계속 쌓여 체질화되고 뇌가 기억하도록 해야 한다. 다시 말해 구체적인 행동 변화를 경험한 사람은 경험한 성공을 바탕으로 다음 변화를 시도하고, 변화 경험을 뇌가 익숙한 것으로 인지할 때까지 활동을 지속해야 한다.

대개 조직문화는 조직 관성을 유지하려 하고 변화에 저항한다. 특히 조직의 규모가 클수록 조직 관성이 강하여 변화를 만들기 더욱 힘들다. 다양성이 존중받고 일하기 좋은 문화는 단순하게 의지만으로 만들어지지 않는다. 다양한 조직 영역에서 지속적인 노력이 함께 일어나야 한다. 최고 경영층의 혁신적인 변화 의지와 조직 단위의 중간관리자들의 변화 노력, 최소 단위의 부서/팀에서 긍정적인 상호작용 등 작은 변화들이 실질적으로 누적되어야 한다.

조직문화의 바람직한 변화는 조직을 살리고, 구성원에게 긍정적인 영향과 일하는 즐거움을 줄 것이다.

참고문헌

1장

게리 P. 피사노(2019). 혁신적 조직문화에 대한 냉혹한 진실. 하버드비즈니스 리뷰, 2019년 1-2월

김도영(2019). 수평 문화와 자율 문화가 탁월한 힘을 발휘하는 방법. HR Insight, 2019년 4월호

김도영(2019). 수평적 조직문화에 대한 불편한 오해. HR Insight, 2019년 5월호

김성국(2017) 남극조난서 생환한 섀클턴의 헌신을 아는가?. 동아비즈니스리, 220호

김성남(2016). 감정을 읽고 이해하고 조절할 줄 아는 리더를 육성하라, 하버드 비즈니스 리뷰, 2016년 1_2월호

김성남(2016). 자율구조 만들려면 조직원 역량부터 끌어올려라. 하버드 비즈니스리뷰, 2016년 7-8월 합본

김소희 (2019). 삼성바이오, SK 하이닉스, 현대모비스…여성임원 제로(0). 조선비즈. 2019. 7.7 https://biz.chosun.com/site/data/html_dir/2019/07/05/2019070502327.html

김정민(2020) 휴가, 결재 마음대로 직원들도 놀란 넷플릭스 자유, 중앙일보, 2020.10.14

김현기(2006). 가족 친화적 경영, 이제 선택이 아닌 필수. LG 주간경제, 2006.12.6

박형철(2019). 직급체계개편 결국 변화관리가 관건. HR Insight, 5월호 (768)

상효이재(2019). 전환시대의 도래, 애자일의 이유. 조직의 우상과 이성. Brunch, https://brunch.co.kr /@workplays/28

스콧 캘러, 콜린 프라이스(2014). 차이를 만드는 조직. 서영조(옮김). 서울: 게리헤멀 전략시티

양은우(2018). 일상 속 뇌과학 #03. 당신이 꼰대가 되는 이유. HS ADzine, Trend/special colum. 2018.05.09

윤우근(2011). 양날의 칼, 조직 다양성 다루기. SERI 경영노트, 101호

인사보이(2019). 자율과 책임의 문화 어떻게 만들 수 있을까? 블로그 Brunch, https: brunch.co.kr/ @insaboy/76

이재(2018). 교육, 전담 부서만으로 문화 절대 못 바꿔. 성공 재정의하고 전략, 구조 개편하라. 동아비즈니스리뷰, 2018년 5월

정동일(2016). 21세기형 진짜 리더십은 자율경영 구글과 홀푸드 마켓의 과감함을 배워라. 동아비즈니스리뷰, 195호

정미하 & 최상현(2020). 밀레니얼도 성장보다 돈 중요 세대 본질 같아. 조선일보. 2020.01.31.https://www.chosun.com/site/data/html_dir/2020/01/24/2020012400635.html

지민(Jimin,2018). 가부장제 닮은 조직문화 #1. 일하는 것이 가장 사회적인 것 https://brunch.co.kr/@jiminlimpj4l/7

채윤정(2019). 국내 30대 그룹 등기임원 1,654명 중 여성 21명, 여성신문, 2019.03.06 https://www.womennews.co.kr/news/articleView.html?idxno=186505

최지영(2014). 직함은 사람을 그 속에 가둬. 중앙일보, 2014.05.10

최진담(2012). 다양성, 무조건 좋은 건 아니다, 꾸준한 관찰과 조정이 성

공 열쇠. 동아비즈니스리뷰, 114호

매일경제, 2019.1.10 [CEO 인사이트] 허브 켈러허 회장의 인간 존중
https://www.mk.co.kr/opinion/columnists/view/2019/01/19291

조선일보, 2016. 10.21 하라면 하라... 한국조직문화의 단면. https://
www.chosun.com/site/data/html_dir/2016/10/17/2016101700850.
html

파이낸셜 뉴스, 2018. 05.16 기업 65% 직급 호칭파괴 실효성 낮아.
https://www.fnnews.com/news/201805160845005877

한국일보, 2019 6.13. 다양성 추구 밀레니얼 세대 실리콘 밸리 https://
www.hankookilbo.com/News/Read/201906110398330951

2장

강소엽(2019). 기성세대 리더가 요즘 세대 구성원과 함께 일하는 방법
은? HSG블로그, https://m.blog.naver.com/PostView.nhn?blogId=hs_
group&logNo

그렌 린지, 제니퍼 매그놀피, & 벤 위이버(2014). 사람들을 움직이게 하
는 업무공간. 하버드비즈니스 리뷰, 2014년 10월

김가을(2018). 우리 회사에 맞는 시스톰은 무엇일까? 사례뉴스,
2018.04.09

김경일(2019). 조언해 달라는 말로 회의 시작해 보가 평범했던 직원의
잠재력이 터진다. 동아비즈니스리뷰, 269호

김경진(2019). [ONE SHOT] 할말은 하고, 불이익도 없다. 중앙일보
2019/05/13 https://news.joins.com/article/234654639.

김민성(2019). [리뷰], 기본으로 이기다. 무인양품. 미래한국, 2019.02.02 http://www.futurekorea.co.kr/news/articleView.html?idxno=114970

김미리(2020). 대한민국, 신·충·헌으로 돌파합니다. 조선일보. 2020.01.04. https://www.chosun.com/site/data/html_dir/2020/01/03/2020010301857.html

김성남(2017). 공룡보다 카멜레온 조직역량이 4차 산업혁명 시대를 주도한다. 동아비즈니스리뷰, 223호

김성준(2019). 조직문화통찰, 서울: 클라우드나인

김현정(2019). X세대와 Y세대 사이엔 큰 강이 있다. 동아비즈니스 리뷰, 281

김현정(2019) "실패해도 돼, 나도 예전에 잘못했어"... 심리적인 안전감을 줘야 진짜 리더. 동아비즈니스리뷰, 286호

노민희(2020). 유통업계는 지금 MZ세대 잡아라! 소비트렌드 주도. fn아이포커스, 2020.05.18. https://www.fneyefocus.com/news/articleView.html?idxno=13933

다니엘 핑(2011). 드라이브(Drive). 서울: 청림출판

마카스 버킹검 & 애슐리 구달(2015). 성과관리 시스템 전면 재설계로 연 200만 시간 낭비 줄었다. 하버드비즈니스리뷰, 2015. 4월호

매튜 코리토어, 아미르 골드버그, & 새미어B. 스리바스타바(2020). 기업문화는 성공의 촉매가 될 수도, 방해물이 될 수도 있다. 하버드비즈니스리뷰, 2020년1-2월.

모종린(2020). 나다움의 경제학. 조선일보, 2020.8.28, https://www.

chosun.com/site/data/html_dir/2020/08/27/2020082704819.html

박거형 & 박순찬(2018). 뭐든지 동영상으로 Z세대 지갑 열어라. 조선일보, 2018.08.02

박진만(2019). 일본 불매운동 잇따라 예상 밖 반일 중심에 선 밀레니얼 세대. 한국일보, 2019.08. 09.https://www.hankookilbo.com/News/Read/201908081688794631

박형철(2016). 매일매일 평가와 실질적 피드백, 창의적 조직 위한 해법. 동아 비즈니스리뷰 198호

박형철(2016). 평가자는 심판이며, 코치, 궁극적인 목적은 조직 성과 개선. 동아비즈니스리뷰, 198호.

백수진(2019). 일의 의미 느끼게 해야 조직이 큰다. 동아비즈니스리뷰, 268호

샐리 브라운트 & 폴 라인반트(2019). 우리는 왜 여기 있는가? 하버드비즈니스리뷰, 2019년 11-12월호

수잔 피터스(2016). 기업 조직문화의 디지털화 및 수평적 의사소통-GE 글로벌 HR총책임자 인터뷰. GE리포트 코리아

유정식(2012). 직원들 성과를 정규분포에 껴맞추지 마라. 인터퓨처 블로그, https://infuture.kr/1160

유정식(2012). 돈 안 들이고 직원들 의사소통 늘리기. 블로그 인퓨터, https//infuture.kr/1193

유준희(2016). 여러분의 미션, 핵심가치는 무엇입니까. HR Insight, 2016년 9월호

유준희(2019). 자율과 목적을 만드는 강점 기반 조직개발. HR Insight,

2019년 11월호

유호연(2017). 생존하는 회사 vs. 미션을 이루어지는 회사. Brunch 실리콘밸리를 그리다,

https://brunch.co.kr/@svillustrated/2

윤예나(2013). 구글 신사옥 150초 안에 직원들 마주치게... 소통 유발. 조선비즈, 2013.05.03.

윤홍균(2017). [직장인의 자존감] 쓸모 없는 일은 없다, 잡일이 있을 뿐. 매일경제, 2017.10.25.https://www.mk.co.kr/opinion/contributors/view/2017/10/706048/

이경민(2018). 팀장: 혼냈으니 술사주면 풀어줘야지. 팀원: 혼난 것도 힘든데 제발 놔주세요. 동아비즈니스리뷰, 252호

이동우(2018). 자존감, 인강 imf... 밀레니얼 세대 이해를 돕는 키워드. 인터비즈 블로그, 2018.10.30

이선기(2018). 왜 사무실 자리를 자주 바꾸면 좋을까? 하버드비즈니스리뷰, 2018년 3-4월 합본

이선 번스타인, 벤웨이버(2019). 개방형 사무실의 진실, 하버드비즈니스리뷰, 2019년 11-12월

이승윤(2018). 탁월한 장점을 자세히 설명해줘라, 동아비즈니스리뷰, 246호

이안 로버트슨(2013). 승자의 뇌-뇌는 승리의 쾌감을 기억한다. 이경식 옮김, 서울:RHR

이은형(2018). 밀레니얼과 함께 일하는 방법. 서울: 앳워크

이진원(2019). 기존조직에 디지털 문화 불어넣기. 중앙시사매거진,

2019-07호

정지현(2019) 밀레니얼을 몰입시키는 7가지 가치와 해법, HR Insight,

2019년 06월호

통계청(2020). 2019년 인구주택 총조사 결과. 서울: 통계청

한국경제 매거진 (2017). 사내벤처로 시작해 성공신화 쓴 기업들, 한국

경제 매거진, 1106호

한철환(2014). 월급쟁이: 돈에 살고 죽는다, 프로: 일의 가치에 살고 죽

는다. 동아비즈니스리뷰, 155호

한철환 & 최미림(2014). 주인의 권리를 누리게 하라! 자율적 성과몰입,

저절로 따라온다. 동아비즈니스리뷰, 151호

홍석윤(2018). 실리콘밸리 대부분 평균 근속연수 3년 미만 이유?

Company 글로벌 인사이드, 홈페이지 . http://www.econovill.com/

news/articleView.html?idxno=336008

홍석호(2021). MZ세대가 불 댕긴 성과급 공정성 논쟁. 동아일보,

2021.02.08., https://www.donga.com/news/Economy/article/

all/20210207/105324054/1

황인경(2017). 디지털 트랜스포메이션 시대 인사 조직 운영전략. LG경제

연구원

From A (2018). 피부로 느끼는 밀레니얼 세대의 문화와 가치. 블로

그,https://froma.co.kr/467

HR 아카데미(2018). 밀레니얼 세대를 위한 리더십, 시앤피컨설팅 HR 아

카데미 블로그, https://m.blog.naver.com/cnphr/221414225401

KOAS(2019). 스마트 오피스 가이드 4편_유형별 스마트 오피스 구축전략 1. 네이버 포스트 시리즈, [[Trend]. https://post.naver.com/viewer/postView.nhn?volumeNo= 18892344&memberNo=22896825

KOAS(2019). 스마트 오피스 가이드 6편_유형별 스마트 오피스 구축전략, 네이버 포스트 시리즈 [Trend],https:// post.naver.com/viewer/postView.nhn?volumeNo=19194698&memberNo=22896827

서울경제, 2019.10.10. 90년대생 왜 그러냐고? https://www.sedaily.com/NewsVIew/1VPGVD2ILS

시사저널, 2019.04.08 [밀레니얼 세대] 열심히의 개념 달라 능력 발휘할 자율과 권한 주라.

3장

강승훈(2014). 헛손질 많은 우리 기업들, 문제는 부지런한 비효율이다. LG Business Insight, 2014.7.23

김민순(2016). 꼰대, 개저씨...아재들도 힘들다. 세계일보 2017.06.22., https://www.segye.com/newsView/20160622002275

김성남(2019). 피할 수 없으면 즐겨라. NO! 퇴사한다! MZ이 꿈꾸는 꼰대 없는 수평조직, 동아비즈니스리뷰, 278호

김성윤(2016). 꼰대의 이유-어른이 불가능한 시대의 꼰대 담론, 오늘의 문예비평, 2017년 가을호(102호)

김은영(2019). 인간만의 메타인지를 살려라. 더 사이언스타임즈, 2019.06.27

김현정(2019) 실패해 돼 나도 예전에 잘못 했어... 심리적 안정감을 줘야

진짜 리더. 동아비즈니스리뷰, 286호

나은영 & 차유리(2010). 한국인의 가치관 변화 추이. 한국심리학지: 사회 및 성격 제24권 4호

다니엘 카네만, 댄 로발로, 올리비에 시보니(2013). 의사결정전 선입견 체크리스트 12. 하버드비즈니스리뷰, 2013년 6월호

마티 린스키 & 알렉산더 그래쇼(2017). 어댑티브 리더십 제2화. 방안의 코끼리. 진저티 프로젝트 출판팀(번역). 서울: 슬로워크

문희철. 꼰대가 되지 않기란 어렵다. 블로그 브런치. 제대로 살기란 어렵다. https://brunch.co.kr/@moonlover/89

박상현(2017) 나 혹시 꼰대 아는 척, 위해주는 척, 있는 척 꼰대 인증 3척, Chosun.com, https://news.chosun.com/site/data/html_dir/2017/02/21/2017022102028.html

박제영(2018). 메타인지 발달의 길인 내면 관찰. brunch 블로그, https://brunch.co.kr/@cloudwaveccxy/38)

양민경(2020). 앞에서 이끄는 것이 리더?.... 리더의 역할은 무엇일까? HR블레틴, 2020년 7월 21일

애슐리 구딜 & 마커스버킹컴(2019). 피드백에 멍들다. 하버드비즈니스리뷰, 2019년 3_4월호 합본

유정식(2020). 일 시키는 것은 엄청난 감정노동이다. 블로그 인퓨터, https://infuture.kr/1731

이경민, 장은지(2018). '요즘 애들은' 으로 시작하는 태도가 화근. 책상 앞에서 붙어있는 당신, 꼰대지름 길. 동아비즈니스리뷰, 249호

이경민, 장은지(2018). 회의 자주 열고 결재 라인 늘리고... 불안한 리더

가 복잡성의 함정에 빠진다. 동아비즈니스리뷰, 260호

이브 모리악(2012). 똑똑한 6가지 원칙: 조직이 스스로 작동한다. 동아
비즈니스리뷰, 103호

이상재(2019). 인재가 크는 건강한 조직의 척도 메타인지. 동아비즈니스
리뷰, 267호

인사보이(2019). 자율과 책임의 문화 어떻게 만들 수 있을까? 블로그
Brunch, https: brunch.co.kr/ @insaboy/76

조근묵(2019). [조목조목 직장인 인문학] 고독한 꼰대의 민낯은 슬퍼. 비
즈니스 워치.

http://news.bizwatch.co.kr/article/industry/2019/09/30/0014

허미니아 아이바라(2015) 진정성의 역설. 하버드비즈니스리뷰, 2015년
1-2월호

홍의숙&김재은(2018) 코칭한다며 문제점만 말하고 끝? MZ세대는 소통
이 고프다. 동아비즈니스리뷰, 252호

Todd Fonseca & Timothy Murphy (2018). 피드백 괴물을 회피하기: 행
동학적 인사이트를 이용한 피드백 문화육성. Deloitte Annual Review,
No.9

4장

김민재(2018). 인류학 성과로 본 여성 억압의 기원. 사회주의
자, 2018.03.09 http://socialist.kr/origin-of-womens-oppres-
sion-and-anthropology/

김양희(2011). 성의 벽 넘어선 통합의 리더십이 혁신 이끈다. 동아비즈니

스리뷰, 91호

김태영(2012). 낯선 사람들의 양다리 전술: 여성들이여, 남성 네트워크를 모방하지 마라! 동아비즈니스리뷰 116호

대한상의 & 맥킨지(2016). 한국 기업의 조직 건강도와 기업문화 보고서. 서울: 대한상의

리사 펠드먼 배럿(2017). 감정은 어떻게 만들어지는가? 최호영(역) 서울: 생각연구소

로빈J. 일리 & 캐서린H. 틴슬리(2018). 남성과 여성에 대한 사람들의 착각 하버드비즈니스리뷰, 2018년 5-6월 합본

배정원(2019.) 맥킨지 여성사회진출, 유리천장 아닌 부러진 사다리가 문제. 중앙일보, 2019.1020. https://news.joins.com/article/23609143에서 재인용

윤선영(2017). 출세하는 여자 옆엔 출세 돕는 남자 있다. 매일경제, 2017.04.28., https://www.mk.co.kr/news/business/view/2017/04/287872/

웬디 머피(2019). 여성의 멘토가 되길 꺼리는 남성을 위한 조언. 하버드비즈니스리뷰, 2019. 5-6월호

이경민(2018). 알파걸 아닌 여성도 성공할 수 있게. 동아비즈니스리뷰, 256호

이장주(2016). 여자와 남자는 왜 늘 평행선인 걸까, 서울: 소울메이트.

임희정(2018). 관리자 및 부하의 성별, 조직문화에 따른 남녀관리자의 리더십 연구. 여성연구, 96(1), 119-145

조앤 윌리엄스 & 스카이 미하일로(2019). 최고의 보스가 팀내 편견을 예

방하는 방법, 하버드비즈니스리뷰, 2019년11-12월호

통계청(2020). 2020 통계로 보는 여성의 삶. 통계청 여성가족부

캐서린 H틴슬리 & 로빈 J. 일리(2018). 성별차이에 대한 오해와 진실. 하버드비즈니스 리뷰, 2018년 5-6월호.

헬렌 피셔(2005). 제1의 성. 정명진(역). 서울: 생각의 나무.

매일경제. 2020.7.30. 여성하루 가사노동 3시간 10분... 남성은 48분.
https://www.mk.co.kr/news/economy/view/2020/07/780105/

미디어 오늘. 2019.10.02. 보이지 않는 유리천장이 보이시나요? http://www.mediatoday.co.kr/news/articleView.html?idxno=202747

5장

강진구(2017). 위기를 기회로 바꾸는 힘 Change Management. 서울: LG경제연구원

원지원(2014). 조직의 변화, 구성원의 구체적 행동 변화에서부터. 서울: LG경제연구원

이안 로버트슨(2013). 승자의 뇌-뇌는 승리의 쾌감을 기억한다. 이경식(옮김). 서울: RHR

이재(2018) 교육, 전담 부서만으론 문화 절대 못 바꿔, 성공 재정의하고 전략, 구조 개편하라. 동아비즈니스리뷰, 248호

한선생(2016). 심리학자도 모르는 심리학 이야기2. 한걸음 문화 심리학 블로그. Brunch, https://brunch.co.kr/onestepculture/73

허연, 장영철(2015). 재즈처럼 혁신하라. 서울: 비즈페이퍼

다양성을 포용하고 함께 성장하는 조직문화 만들기

MZ, 젠더 그리고 조직문화

초판 1쇄 인쇄   2021년 6월 25일
초판 4쇄 발행   2024년 1월   5일

지은이   하수미
펴낸이   최익성

편 집   이현경
마케팅   임동건, 임주성
마케팅 지원   안보라
경영지원   이순미, 임정혁
펴낸곳   플랜비디자인
디자인   박영정

출판등록   제 2016-000001호
주 소   경기도 화성시 동탄첨단산업 1로 27 동탄IX타워 A동 3210호
전 화   031-8050-0508
팩 스   02-2179-8994
이메일   planbdesigncompany@gmail.com

- 플랜비디자인은 독자 여러분의 아이디어와 원고 투고를 기다리고 있습니다.
  책으로 만들고자 하는 기획이나 원고가 있다면, 언제든 플랜비디자인의 문을 두드려 주세요.